海南省哲学社会科学规划课题

光明社科文库

政府规制的维度

崔德华◎著

光明日报出版社

图书在版编目（CIP）数据

政府规制的维度 / 崔德华著 . -- 北京：光明日报
出版社，2021.12

ISBN 978 - 7 - 5194 - 5307 - 7

Ⅰ.①政… Ⅱ.①崔… Ⅲ.①政府管制—研究 Ⅳ.
①D035

中国版本图书馆 CIP 数据核字（2021）第 241809 号

政府规制的维度

ZHENGFU GUIZHI DE WEIDU

著　　者：崔德华

责任编辑：陆希宇　　　　　　　责任校对：刘浩平
封面设计：中联华文　　　　　　责任印制：曹　净

出版发行：光明日报出版社

地　　址：北京市西城区永安路 106 号，100050

电　　话：010-63169890（咨询），010-63131930（邮购）

传　　真：010 - 63131930

网　　址：http://book.gmw.cn

E - mail：gmrbcbs@gmw.cn

法律顾问：北京市兰台律师事务所龚柳方律师

印　　刷：三河市华东印刷有限公司

装　　订：三河市华东印刷有限公司

本书如有破损、缺页、装订错误，请与本社联系调换，电话：010-63131930

开　　本：170mm×240mm

字　　数：154 千字　　　　　　印　　张：13

版　　次：2022 年 1 月第 1 版　　印　　次：2022 年 1 月第 1 次印刷

书　　号：ISBN 978 - 7 - 5194 - 5307 - 7

定　　价：85.00 元

《政府规制的维度》简介

一、研究方向

本课题的研究属于理论研究，侧重于从政府的微观管理角度，对政府规制的维度进行比较准确的界定和比较全面的阐释，力图为实现政府规制的实效性提供一个比较科学的维度。

二、研究内容

在开放经济条件下，政府规制领域面临的问题越来越复杂。政府规制目标的多元性和影响因素的多样性，决定了我们必须创建中国特色的政府规制理论和规制体系。政府规制的研究与实践都要涉及一个维度问题，本人尝试从认识论和实践论的视角、国际的视野、科学的方法来立体探讨研究政府规制的维度问题。概括起来，整个研究分六个部分，第一部分作为总论，从认识论和实践论的角度阐释政府规制的内涵、价值、方式、内容和量度；其他五个部分具体从法律、经济、行政、社会和道德五个角度，主要沿着政府规制的基础、政府规制的尺度、政府规制的目标、政府规制的要求、政府规制的约束和政府规制的底线六个维度的思路，分别界定和阐述政府规制，从而比较立体地构成政府规制维度的理论体系。

具体地说：

1. 政府规制维度的哲学解读。主要论述政府规制的意蕴、政府规制的实践、政府规制的价值、政府规制的形式、政府规制的内容和政府规制的量度。

2. 政府规制的法律性维度。主要从法律的角度，研究政府规制过程中与法律相关的一系列问题，包括有法可依、平等公正、自由秩序、依法规制和可以诉讼等。

3. 政府规制的经济性维度。主要从经济的角度，研究市场机制的局限性和政府规制的必要性、推行实用适度的政府规制、追求高效低险的政府规制目标、注重产业并重的政府规制范围、采取多种并举的政府规制方式和发挥市场机制的作用等。

4. 政府规制的行政性维度。主要从行政的角度，研究政府规制的多规合一、政府规制的合法有限、政府规制的保驾护航、政府规制的有效激励、政府规制的以权制权和政府规制的不乱作为等。

5. 政府规制的社会性维度。主要从社会的角度，研究政府规制中涉及自然的生态环保、人的健康安全、国民的充分就业、社会的和谐发展等。

6. 政府规制的道德性维度。主要从道德的角度，研究政府规制与道德密切相关的价值共识、公平正义、友善共利、诚信责任、自律他律和维护公共利益等。

三、研究价值

本题围绕政府规制的理论和实践，比较全面地解析政府规制发生的源头、发展的现状和可能的未来；比较深刻地分析中外不同的社会发展阶段的不同的政府规制模式；比较充分地吸取前人研究的成果，注重探究理论研究的空白点，努力寻找理论研究的突破口，尽可能追求理论上的创新，实现一定的理论价值和实践价值。

前　言

　　政府规制在我国是一个舶来概念。随着我国改革开放的深入和经济市场化的扩大，我们开始逐渐关注西方规制理论的发展、研究西方政府规制理论的体系、引进西方的政府规制理论、借鉴西方的政府规制实践改革我国的政府规制。我国关于政府规制理论的研究始于 20 世纪 80 年代末期，从最初主要以西方规制基本理论和研究动态的介绍，逐步发展到思考我国与西方之间存在的差异，接着在此基础上进行与我国国情相适应的研究。虽然我国的政府规制研究起步比较晚，但还是取得了较为丰硕的成果，有力地推动了政府规制的改革实践。当然，我们也应该清醒地认识到我国政府规制的理论与实践仍然存在着诸多问题。比如，在经济性规制方面的越位和缺位同时存在，消费者的合法权益得不到全面有效的保护；在社会性规制方面的执法效果不明显，规制范围仍然存在不少盲区等。概而括之，主要表现为政府规制的局限性、分离性和伸缩性。一是局限性。政府规制的研究更多地局限于经济性规制和法律性规制，对社会性规制、行政性规制、道德性规制和国际性规制的研究显得比较薄弱。改革开放以来，我国经济发展的主旋律是建立社会主义市场经济体制，在经济领域，自然垄断产业放松规制最先进入学者的研究视野，后来学者逐步将视野扩展到对各行业如电力、电信、铁路等方面的系统性规制理论研究，包括规制的必要性、规制机构、规制手段、规制体制等。但是，现实中坚持效率优先的经济发展原则引发了诸多社会问题，如环境污染、安全事故、劣质产品等；另外，随着世界经济一体化的逐步加深，国际间贸易越来越频繁，贸易摩擦等国际性问题加剧了我国经济发展的矛盾，阻碍了经济的健康发展，使我国承受了许多本不该承受的发展成本。这些问题的出现凸显社会性规制和国际性规制研究的重要性和紧迫性。二是分离性。政府规制理论与实践不能很好结合，处于相分离的状态。我国政府规制的理论核心来源于国外政府规制的实践，我国学者在引入这一概念和相关理论时，往往容易陷入用适合国外的理论经验来分析指导我国的政府规制实践，忽略了在特殊的经济改革和行政改革时期我国政府规制的复杂性，造成现阶段政府规制的理论研究对实践仅能发挥很有限的指导作用，这是我国政府规制体制改革滞后的一个重要原因。三是伸缩性。我国目前存在的政企不分、规制机构缺乏独立性、规制立法不科学、规制行为不规范、行政人员执法水平悬殊，造成现实中同一案件由不同主体处理、同类案件由同一主体处理的结果都存在较大的差别。随着我国市场经济的进一步发展，我国经济逐步与国际经济相融合，政府规制领域面临的问题越来越复杂，这对我国政府规制提出了更高的要求。

政府规制变革是当今世界经济的一个潮流。政府规制作为政府的微观管理职能，与旨在保证经济稳定与增长的宏观调控政策构成政府干预经济的两种主要方式。政府规制主要为市场运行及市场主体行为建立规则，确保市场的有序运转。为了克服市场带来的社会和经济问题，第二次世界大战以后，西方国家越来越多地采取了行政规章、法律等各种手段，对大型公用企业、厂商实行规制。政府规制问题日益为各界人士所重视，进而成为人们讨论的热点。从 20 世纪 80 年代开始，随着技术进步及市场机制的完善，英美等国纷纷进行了放松规制改革，由市场机制来调节原有被规制主体的行为。从全球范围来看，在过去的 30 多年里，规制改革正在发生着深刻而迅速的变化。规制改革是对放松规制、再规制以及改进规制效果措施的综合利用，它所期望的是发挥规制功能所涉及的任务，这不仅包括各种规制工具之间的设计和实施，以及规制工具之间的协调与配合，更包括透明、可问责性、效率、适应性和一致性等目标（经济合作与发展组织，2006）。由于我国正处于发展的转轨阶段，国家的经济体制和政府职能都在发生着重大变化，政府规制改革是我国政府职能转变的一个重要组成部分。我国学者结合我国的实践，对规制改革进行了多方面的研究，取得了很多富有成效的成果。比如，余晖在《中国政府的管制制度》中对我国的经济性规制、社会性规制以及反垄断的规制机构、规制手段等做了全面、详尽的介绍，为研究我国政府规制体制做了重要的基础工作。王俊豪在《中国政府管制体制改革研究》中，分析了我国政府对基础设施产业政府规制体制改革的必然性和紧迫性，高度概括了政府规制经学同我国规制体制改革和政府规制实践相关的基本理论。陈富良在《放松规制与强化规制——论转型经济中的政府规制改革》中提出，在转型经济中，我国政府规制的改革模式是建立松紧相宜的规制制度，放松规制与强化规制并重。一方面，放松计划经济时期遗留下来的严格的政府规制；另一方面，对现行规制中不完善的地方予以充实，逐步解决政府规制中的越位和缺位问题。肖兴志在《自然垄断产业规制改革模式研究》中，对自然垄断产业规制改革模式进行了较为系统的研究探索，重点研究了模式选择的理论基础以及中国自然垄断产业规制改革模式构成的相关因素与应用。周耀东在《中国公用事业管制改革研究》中，从我国公用事业管制改革出发，以现代管制理论为框架，借鉴西方成熟的公用事业管制经验，探索形成有效管制体制的路径和依据。此外，我国学者还介绍了许多发达国家的规制改革实践，为我国的规制改革提供了许多有益的建议。总的来说，学术界对规制改革已经形成基本的共识：我国从计划经济体制下转化过来的政府规制观念、体制、结构等存在诸多问题，改革迫在眉睫；我国政府规制改革的基本模式应区别对待，采取放松与强化并重的策略；改革的基本方向是合理、高效、法定、公正、独立。

政府规制的研究与实践都要涉及维度问题。政府规制维度是政府规制的一个空间范围和视角方位的具备程度、判断条件和评价概念。规制通常作为具体的制度安排，起源于政府对经济行为的管理或制约，是政府在市场经济体制下，以矫正和改善市场机制内在问题为目的，干预和干涉经济主体活动，包容了市场经济条件下政府所有的旨在克服广义市场失灵现象的法律规则。政府规制是否完善合理，是否符合国际竞争规则，直接影响我国经济的健康发展和国际竞争力以及国际投资的流动。基于特定的历史原因，我国的政府规制职能比较薄弱，缺乏科学规范的规制法律制度，规制机构的设置不尽合理，规制过度与规制不足并存，制度陈旧与制度空白并在。政府规制改革应是一个破立结合的过程，对现有规制体系进行扬弃的同时，按照国际竞争规则的要求加速规制体系的完善与创新，是我国目前应率先解决的紧迫问题。特别是我国加入WTO后，政府与企业面临的首要冲击来自竞争规则的改变，遵守国际竞争规制是我国参与国际竞争的硬约束，是与其他世贸组织成员同场竞技的先决条件，能促使我国政府对微观经济的规制制度进行完善与创新。政府规制目标的多元性和影响因素的多样性，决定了任何国家都不能简单照搬他国的政府规制模式。特别是在开放经济条件下，政府规制领域面临的问题越来越纷繁复杂，我们必须创建中国特色的政府规制理论和规制体系。政府规制理论和规制体系的构建又不能忽视维度问题，笔者尝试从认识论和实践论的视角、国际的视野、科学的方法来立体探讨研究政府规制的维度。本题从概述发达国家政府规制理论的特点，在总结我国政府规制理论演进的基础上，从政府规制维度的哲学解读、政府规制的法律性维度、政府规制的经济性维度、政府规制的行政性维度、政府规制的社会性维度和政府规制的道德性维度六个方面进行比较深入的探究，分析我国政府规制领域面临的主要问题，突破现行政府规制论著的特点和惯例，创建具有中国特色的政府规制理论和实践的维度体系，以期为政府微观经济管理部门制定和修改规制政策提供参考。

目　录
CONTENTS

第一章

政府规制维度的哲学解读

"政府规制"一词源于规制经济学中的政府规制理论，该理论主要研究在市场经济体制下，公共权力机构如何利用政策、法规对微观经济行为进行规范和制约。政府规制是政府的微观管理职能，主要为市场主体行为建立规则，规范市场主体行为，确保市场有序运转。政府规制的前提是市场经济，政府规制的目的是修正市场机制缺陷，保证市场经济健康发展。政府规制的可能性和有效性需要多种规制方式共同发挥作用。政府规制的研究与实践都要涉及一个维度问题，忽视这个维度就很难实现规制的目标。在哲学领域，维度是指独立的时空坐标的数目，是指一种视角，是判断、说明、评价和确定一个事物的多方位、多角度、多层次的条件和概念。因此，要科学地界定政府规制的维度，必须站在客观、全面、历史的高度，从总体上对政府规制的维度进行哲学的解读。

第一节　政府规制的意蕴

从目前国内外的研究来看，学术界对"政府规制"一词还没有达成一致的认识，更没有形成统一的定义。我国对政府规制含义的界定，主要是建立在西方基本观点的基础上，结合我国政府的职能而作一般性的理解。因此，从政府规制的意蕴上形成共识，对我国政府规制的理论与实践都具有重要意义。

一、政府规制的一般理解

规制（Regulation）意为以法律、规章、政策、制度加以控制和制约。《新帕尔格雷夫经济学大辞典》译为管制，其反义词为放松管制（Deregulation）。在汉语语汇中，管制容易使人联想到统制和命令，而规制更接近英文原意，它强调政府通过实施法律和规章制度来约束和规范经济主体的行为，故用"规制"一词更容易让人理解和接受。在现代经济学中，政府规制的含义逐步演变为政府运用法律法规对微观经济主体的活动和行为进行影响、干预和限制。但是，由于对政府规制研究的侧重点不同，形成对政府规制的不同解释。规制的一般含义是指社会公共机构（一般指政府）"依据一定的规则对构成特定社会的个人和构成特定经济主体的活动进行限制的行为"①。植草益认为规制仅是指狭

---

① ［日］植草益. 微观规制经济学［M］. 朱绍文，译. 北京：中国发展出版社，1992：1-2.

义上的限制或禁止，史普博认为它是行政机构制定并执行的直接干预市场机制或间接改变企业和消费者供需决策的一般规则或特殊行为①。施蒂格勒在1971年提出，"作为一种法规，规制是产业所需要的并为其利益所设计和主要操作的"。王俊豪认为政府管制是具有法律地位的，相对独立的政府管制者（机构），依照一定的法规对被规制者（主要是企业）所采取的一系列行政管理与监督行为。② 于立、肖兴志认为"规制是指政府对私人经济活动所进行的某种直接的、行政性的规定和限制"③。曾国安认为"管制是基于公共利益或其他目的依据既有的规则对被管制者的活动进行的限制"④。余晖认为，规制是指政府的许多行政机构，以治理市场失灵为己任，以法律为根据，以大量法律、法规、规章、命令的颁布及裁决为手段，对微观经济主体不完全公正的市场交易行为进行的控制和干预。较为广义的规制，是指依据一定的规则，对构成特定经济行为的经济主体的活动进行规范和限制的行为。

　　近年来，由芝加哥大学法律经济学派倡导的政府规制理论，被经济学界和经济法学界广泛接受。但是，国内外学者从规制主体、规制客体、规制目的、规制依据和规制手段等不同的侧重点对政府规制进行研究，形成了对政府规制的不同解释和不同表述。正如史普博所说："一

---

① ［美］丹尼尔·史普博. 管制与市场［M］. 余晖，等译. 上海：上海三联书店、上海人民出版社，1999：45.
② 王俊豪. 政府管制经济学导论［M］. 北京：商务印书馆，2001：1，4－30.
③ 于立，肖兴志. 产业经济学的学科定位与理论应用［M］. 大连：东北财经大学出版社，2002：119.
④ 曾国安. 管制、政府管制与经济管制［J］. 经济评论，2004（01）：93－103.

个具备普遍意义的可有效运用的管制定义仍未出现。"① 联合国经济合作与发展组织在 1997 年《管制改革报告》中也指出，对于规制没有一个能够被各个成员国的规制体系所接受的概念。尽管学者们对政府规制的含义有不同看法，但一般认为，政府规制是指政府部门依据有关的法规，通过许可和认可等手段，对企业的市场活动施加直接影响的行为。综合不同的理论界定和实践认识，政府规制可以做这样的概括：政府规制是指政府运用公共权力，依据法律政策，通过多种手段，对微观经济行为进行规范制约。

二、政府规制的学科理解

政府规制在理论上是一个复杂的体系，在实践中是一种复杂的制度安排，它不仅是经济学中的问题，同时也是政治学、法学等学科中的重要问题。国内外学者已从不同的角度对规制进行了大量研究，特别是从经济学、法学和政治学等角度对"规制"这一概念进行了研究和探讨。朱光磊在分析了经济学、政治学和法学关于规制的诸多定义后，认为"如果撇开规制的起源、效果和价值评判等有分歧的问题，撇开规制手段和重点的历史演化和国家之间的差异，所有关于规制的定义通常包含一个共同的行为特征：在市场经济条件下，政府为了治理市场失灵，以法律为依据，以颁布法律法规和行政规章、命令、裁决为手段，对市场经济主体（主要是企业）的市场进入、价格决定、产品质量和服务条

---

① ［美］丹尼尔·史普博. 管制与市场 ［M］. 余晖，等译. 上海：上海三联书店、上海人民出版社，1999：28.

件，以及社会团体的活动和交易行为施加直接的干预或限制"①。但是，由于各个学科研究的角度和着眼点不同，因而对政府规制便有不同的理解。

从经济学的角度来看，政府规制是一种不同于市场配置资源的方式，即在一些市场确实不能发挥效率的领域进行资源再配置。政府规制直接影响资源的配置效率，或者进行收入再分配、鼓励特殊产业的发展。经济学对政府规制的研究包括进入与退出、产品和服务的价格与质量、投资、财务会计等。在西方经济学文献中，1970 年以前，经济学对政府规制理论和经验的研究兴趣主要集中于对某些特殊产业的价格与进入控制的考察。这种政府规制被称为传统的经济性规制，其中心是讨论在规模报酬递增情况下的定价与费率结构问题。樊纲认为，政府规制"特指的是政府对私人经济部门进行的某种限制或规定，如价格限制、数量限制或经营许可，等等"②。

从政治学角度看，政府规制强调规制决策的政治与行政内容，"把焦点放在政策形成和执行的政治及行政作用方面"③。对政府规制的分析，既强调公共利益，也强调利益集团的讨价还价，同时也考虑到集团冲突对公共利益的决定。西方规制政策的形成和执行本身是一个公共谈判的过程，每一项规制措施的出台都是各种政治力量相互协调及平衡的

---

① 朱光磊. 现代政府理论 ［M］. 北京：高等教育出版社，2006：370.
② 樊纲. 市场机制与经济效率 ［M］. 上海：上海人民出版社，1995：173.
③ MITINCK B M. The Political Economy of Regulation ［M］. NewYork：Columbia University Press，1980：271.

结果。因此，梅尔认为"规制是与政治家寻求政治目的有关的政治过程"①。

从法学的角度来看，"规制"一词最早在日本经济法中被使用，是指政府干预经济的合法性、合理性以及与市场及企业的互动关系。在我国法学界，规制不是一个专门的法律术语，大多强调"规范与制约"之意。关于政府规制的讨论主要集中在行政管理程序以及对规制机构行为的司法控制上，更多强调行政程序受到立法、执法及司法三方面的控制，要求规制机构的行为必须遵守授予其权力的成文法及有关行政程序法规。法学中的政府规制往往意味着一种特殊的法律限制模式，吉尔洪和皮尔斯认为，政府规制是对私人经济力量进行法律控制的众多形式中的一种；规制是"规制者的判断对商业或市场判断的决然取代"。

三、政府规制的内涵理解

中外学者比较一致地认为政府规制是政府或国家对经济活动进行干预的一种政府工具。政府规制作为政府对经济活动的一种积极的主动的干预，其内涵主要包括主体、对象、依据、标准、目的和效力六个方面。

政府规制的主体是指政府和参加经济活动的组织与个人，分为规制主体和被规制主体。规制主体是政府，按政府内部各个部门行使职权的不同，又可以细分为权力机构、司法机构与执行机构。这些政府机构出

---

① ［美］丹尼尔·史普博. 管制与市场［M］. 余晖，等译. 上海：上海三联书店、上海人民出版社，1999：38.

于国家的社会经济管理职能是保障社会公共利益的需要和作为现代市场经济条件下弥补市场失灵的必要补充而享有规制权。被规制主体是微观经济的市场主体,也就是参加经济活动的组织与个人。

政府规制的对象主要是各类微观经济主体的活动和行为。狭义上仅指对公用事业的规制,广义上包括对取得市场主体资格者的规制,如对企业设立的审批、对市场主体经营行为的规制、对企业的生产发放许可证、对市场客体的规制等。

政府规制的依据是相关法律和行政规定。政府规制作为政府履行其管理社会经济职能的一种工具必须依据法律或相关法规来进行。它要求政府以经济手段和法律手段为主,以行政手段为辅,并通过法律和规制来约束和规范微观经济主体的行为,它是与市场相对应的政府用来调整、激励微观经济主体的规制系统。戴维·H. 罗森布洛姆和罗伯特·S. 克拉夫丘克指出"管制的法制性是可以理解的,因为管制会对个人、团体以及企业的权利产生影响"①。政府规制一般通过立法和公共政策来实施,一旦制定,被规制对象必须执行。规制之所以要以法律为依据,是因为规制是政府对微观经济主体直接而强有力的干预,如果不用法律加以规范则必将造成对被规制主体的肆意侵害。

政府规制标准是政府规制机构实施规制行为的依据、准则,目的在于保证规制的合法性和实效性。规制标准一般以法律法规的形式出现,它可以源于宪法或其他由立法者制定的法律,也可以是行政机关依据授

---

① [美] 戴维·H. 罗森布洛姆,罗伯特·S. 克拉夫丘克. 公共行政:管理、政治和法律的途径 [M]. 张成福,校译. 北京:中国人民大学出版社,2002:459.

权原则制定的具体规章。规制标准一般都包括正式法律、行政规章、地方性法规和地方性政府规章以及规制机关所制定的行政措施。

政府规制的目的是改善市场机制存在的问题，矫正市场失灵，解决个体营利性与社会公益性的矛盾，促进社会与经济的良性协调发展，实现资源有效配置和社会福利最大化。规制经济学的创始人之一卡恩认为，规制是"对该种产业的结构及其经济绩效的主要方面的直接的政府规定……如进入控制、价格决定、服务条件及质量的规定以及在合理条件下服务所有客户时应尽义务的规定……"[1] 密特尼克认为，规制是"针对私人行为的公共行政政策，它是从公共利益出发而制定的规则"[2]。斯蒂芬则认为，规制是指"政府为控制企业的价格、销售和生产决策而采取的各种行动，政府公开宣布这些行动是要努力制止不充分重视'社会利益'的私人决策"[3]。金泽良雄认为，政府规制是在以市场机制为基础的经济体制下，以矫正、改善市场机制内在的问题（广义的失灵）为目的，解决个体营利性与社会公益性的矛盾，兼顾效率与公平，促进社会与经济的良性协调发展。政府规制作为政府实现人民的经济与社会福祉双丰收目标的一项重要措施，其目的是实现资源有效配置和社会福利最大化。在佩尔兹曼的规制模型中，规制者追求的目标是政治利益即选票最大化、企业追求利润最大化，而消费者追求消费者

---

[1] KAHN A E, The Economics of Regulation：Primiples and Lnsti－tutions［M］. NewYork：New York Wliey Press，1970.

[2] MITINICK E M, The Political Economic of Regulation［M］. NewYork：Columbia University Press，1980.

[3] 约翰·伊特维尔. 新帕尔格雷夫经济学大辞典［M］. 北京：经济科学出版社，1992：137.

剩余的最大化。

政府规制的效力体现为政府规制是国家对经济活动进行干预的一种手段，是一种政府工具。毛寿龙把规制界定为"政府实施治理的一种政策工具，是通过行政权力在社会群体之间重新进行利益分配的重要机制"①。政府规制具有较大的强制性，强制性来源于公共权力背景，微观经济主体必须遵循服从，否则将受到惩罚。欧文·休斯认为，"规制作为一种政策工具，有别于其他出于同样经济理由而采用的工具，它应用的是强制性的力量"②。

第二节　政府规制的实践

政府规制研究的对象是市场失灵情况下的政府干预问题，主要包括为什么要干预、采取什么措施干预和干预是否有效以及干预无效怎么办等。现代意义上的政府规制起源于 19 世纪末的美国，是政府管理社会和经济事务的一种工具。1982 年诺贝尔经济学奖获得者乔治·施蒂格勒首次使用经济学的基本原理和方法分析规制的产生问题，从而开创了规制经济学。世界贸易组织及其前身关贸总协定组织制定了一系列促进开放市场和国际贸易发展的规则。各国为了适应经济全球化趋势和国际经济新秩序的要求，推进本国市场体系的完善和经济贸易的发展，不断

---

① 毛寿龙．西方政府的治道变革［M］．北京：中国人民大学出版社，1998：113 - 114.

② ［澳］欧文·休斯．公共管理导论［M］．彭和平，译．北京：中国人民大学出版社，2001：104.

努力进行政府规制的改革与实践。

一、发达国家政府规制的实践

市场经济发展至今已经历了不同时期，但贯穿其中的是经济自由主义和国家干预主义两大经济思潮的影响。现在人们已普遍地把强调市场机制的有效作用、反对国家干预经济生活的理论和政策称为经济自由主义；把强调市场机制的缺陷、主张通过国家干预经济生活以弥补市场不足的理论和政策称为国家干预主义。

（一）政府规制的产生与形成

发达国家政府规制政策始于 19 世纪中叶，政府规制系统理论成形于 20 世纪 70 年代末 80 年代初。1848 年，约翰·斯图尔特·穆勒等经济学家开始研究自然垄断和经济规制问题，认为政府应对微观经济领域进行经济规制，美国政府认可了约翰·斯图尔特·穆勒等经济学家的观点。美国国会为解决铁路运费的问题，于 1887 年通过《州际商业法》，根据该法成立了第一个现代意义上的规制机构——州际商业委员会，这是美国历史上第一个独立的联邦经济规制机关，许多学者认为这标志着现代政府规制的产生。随着福利国家的出现和发展，政府规制扩展到社会生活的各个领域，以至于形成所谓的"规制国家"。20 世纪 70 年代，一些学者开始重视从经济学的角度研究政府规制问题，并且试图将以前的研究成果加以系统化，从而初步形成了政府规制经济学。在西方规制研究中，许多学者应用了不同的理论来分析政府规制产生的原因及主要效果，概括起来主要可以归结为自然垄断理论、信息不对称理论、公共利益理论、部门利益理论和政府俘虏理论。

（二）政府规制的发展轨迹

近代以来直至 20 世纪 20 年代末，西欧各国主要实行重商主义的国家干预政策。自 1930 年开始，西欧各国基本上用自由竞争的经济自由主义来指导经济运行。从 20 世纪 30 年代中期起，由于面对严重的资本主义经济危机和国家垄断资本主义的发展，凯恩斯主义的国家干预论成为主流经济思想，并成为各国制定经济政策的主要理论依据。采用国家干预主义使西方发达国家在二战后到 20 世纪 60 年代期间的经济发展取得了空前成就。但是，进入 70 年代后，凯恩斯主义的理论已无法解释或解决西方国家经济中出现的空前"滞胀"局面，由此导致了新经济自由主义的重新兴起，这一经济思想成为 20 世纪 70 年代末至 80 年代初西方发达国家政策制定的依据。20 世纪 90 年代以后，由于西方国家经济再次面临严重衰退，新经济自由主义又面临挑战，以凯恩斯主义为代表的国家干预理论再度复归。

（三）政府规制的实践

当代西方国家规制的实践，总括起来经历了从"自由放任的经济→规制→放松规制→再规制"这样一种发展与变革的过程。20 世纪初，实行的是自由放任的自由经济。在 20 世纪 20 至 30 年代，这种自由放任的市场所存在的问题在大萧条中集中爆发出来，政府便开始干预经济，通过规制来纠正公共性物品、外部性、自然垄断、不完全信息和风险性等市场失灵的问题。在此后的 50 年里，政府对微观的经济性规制和社会性规制都不断加强，到 70 年代前后达到高潮。但 20 世纪 70 年代中后期，在出现世界性的通货膨胀、技术革新改变了自然垄断的产业基础、规制失灵现象日益严重等实践条件下，开始反思和批判政府的规制政策对经济所产生的负面影响，简化规制等理论观点和政策主张逐渐被接受。以规制为显著特征的美国率先进行放宽规制运动，英国、日本随之效仿。放宽规制的运动顺应了西方新自由主义思想的回潮，也与东方中央计划经济体制国家放宽规制、引进市场机制的改革浪潮遥相呼应。经过政府的规制改革，放松了传统的规制，大大提高了被规制产业的效率和活力，对经济的复兴起到了很大的作用。但是，在放松规制后，一些行业又出现了过度市场化或不适于市场化的弊病，于是政府又加强了规制，即近年来出现的"再规制"潮流。

二、我国政府规制的实践

我国政府规制的理论研究起步比较晚，国内对政府规制的研究始于20世纪80年代末。高凯 1983 年翻译出版美国学者卡恩的《管制经济学》，潘振民 1989 年翻译了美国学者乔治·施蒂格勒的《产业组织和政府规制》，此后，国内学者纷纷介入这一研究领域，丰富并深化了我国的政府规制理论研究，推动了我国政府规制的改革实践。中国的规制改革伴随着改革开放的逐步推进而不断深入，从政策手段的运用来看，中国改革开放的过程可以说就是不断放松规制的过程。

（一）政府规制的产生与形成

政府规制在我国是一个舶来概念，其理论核心来源于国外政府的实践。我国政府规制理论和政策的研究经历了三个阶段：20 世纪 80 年代末至 90 年代初是政府规制理论引进阶段，主要翻译介绍国外的政府规制理论和著作；20 世纪 90 年代中后期是研究国内垄断产业阶段，应用国外的政府规制理论研究中国垄断产业的问题，主要集中于民航、电信、电力等部门的政府规制政策；21 世纪初到现在是政府规制研究拓展阶段，政府规制理论研究的领域逐渐扩大。中国规制改革的过程若以1998 年政府机构改革为界限，可以分为两大阶段：1998 年以前是打破传统计划经济体制的束缚向社会主义市场经济体制转变的阶段，这一时期的规制改革是与政府职能转变的改革相一致的。1998 年以后，随着中国加入世界贸易组织的步伐加快，政府进行规制改革的迫切性更为明显。从 2000 年开始中央政府要求各级政府部门对现有规章进行清理，大力推行审批制度改革，对明显不符合世贸规则要求的近 2000 件法律法规和规章进行相应的审查，并分别做出废止或修改的决定。

（二）政府规制的改革与发展

我国政府将政府规制改革作为转变政府职能的首要任务，力图通过多种形式的改革转变政府职能。政府规制改革在独立性原则、法制化原则、集中化原则、透明性原则四个原则的前提下，先后经历了围绕国企改革进行规制改革、围绕减轻农民负担进行规制改革、围绕政府职能调整进行机构改革和审批制度改革等阶段，取得了积极的效果。然而，中国规制改革还不够，现行的规制政策难以适应社会主义市场经济发展的进一步要求，难以跟上放松规制的世界潮流。

三、中外政府规制实践的差异

我国的政府规制与西方国家的政府规制存在很大区别。西方国家规制之所以出现，很大程度上是因为存在市场失灵，而我国规制带有更多的强制性色彩。虽然我国的经济发展水平、体制机制和文化传统等基本国情与西方国家不同，在市场基础及发育和垄断等方面与发达的市场经济国家存在极大差异，但西方政府规制理论对我国政府管理方式变革仍有借鉴意义。

（一）规制主体的差异

在法治化程度较高的国家，官方与民间的互动关系体现在规制过程的各个阶段。规制研究机构的多元性、研究者立场的客观性和公正性、公民参与规制制定的多种途径、规制制定的协商谈判制度、规制制定和执行的多重司法监督制度等在规制动议、规划、研究、评估、决定、执行与监督阶段形成了有效的官民互动机制①。国家的立法、司法和行政是相对独立的；政府拥有的国有企业相对较少且相对独立。我国政府规制的现状主要表现为，一是政府部门既是规制的制定者，又是具体业务的经营者，政企不分现象比较严重。政府为维护国有企业利益，会借助社会管理者的权力施行"法定垄断"，甚至让垄断企业代行部分政府职能。二是对规制者的规制欠缺。依法行政和规制，是政府管理制度改革的要求。行政程序法、信息自由法和其他相关法律是政府进行规制改革的基本法律依据。而我国受传统行政管理思维的影响很深，"重内部文件、轻法律法规"的倾向仍很严重。三是规制的制定和实施缺乏社会其他力量的互动和监督，公开化、民主化、程序化和科学化还任重道远。

---

①　杜钢建. 中国政府规制改革的方式和途径［J］. 江海学刊，2002（01）：76 – 78.

（二）规制对象的差异

西方的政府规制，主要是针对自然垄断和外部性两类问题；而中国的政府规制面对的主要是行政垄断问题。经济学中，一般将造成"进入障碍"即垄断的来源分为四类：一是资源垄断；二是自然垄断；三是市场垄断或经济性垄断；四是行政性垄断。我国的垄断问题主要是行政性垄断，我国的垄断与市场经济国家相比有两大特点：一是建立在政府保护基础上的法定垄断；二是垄断现象伸展到竞争性领域，通过行政性审批等措施不断加以维护和强化。我国于特定历史条件下形成的长期高度集中的计划经济体制，排斥市场机制的作用，使原有的垄断部门依托资源配置方式的行政化、计划化，打上了国家授权下的垄断烙印。

（三）规制市场基础的差异

西方政府规制作用的市场基础是成熟的市场经济，各种生产要素都以市场为基本配置手段，根据价格、竞争和供求等市场机制发挥调节作用。因此，政府可通过价格水平、价格结构等规制来实现规制目标。我国处于计划经济向市场经济过渡的时期，市场主体多元化不足，市场体系不完善，市场机制难以发挥作用，市场经济配置资源的优势无法完全发挥。行政垄断和社会保障制度不健全，造成低效率企业退出普遍困难、高效率企业难以扩张，市场机制难以对资源实现优化配置，利润最大化的目标得不到实现。

第三节　政府规制的价值

政府核心价值的内容和表现形式主要包括维护秩序、规范管理和公共服务三个方面。在实现三大价值的过程中，政府规制是一个关键环节，具有关键性作用。政府作为社会利益的代表者，决定了其在社会发展过程中有着不同于市场的角色及作用。市场本身的作用主要体现为促进经济增长；而政府还要解决政治统治和社会管理等，具体表现为提供经济发展基础、培育均衡市场、维持市场竞争、提供公共物品、保证平等公正和公平正义、保护自然资源和生态环境等。

一、政府规制的必要性

市场经济发展过程中的市场失灵现象不可避免，反证和凸显了政府规制的必要性。公共利益理论假定政府规制是从公共利益出发，纠正在市场失灵下发生的资源配置的非效率性和分配的不公正性，从而维护社会秩序和社会稳定。市场经济条件下政府规制的调整对象是市场或产业等微观层次的问题，现代规制经济学实质上是对微观经济学的一种细化和深化。在多元治理模式下，政府规制的价值主要体现在社会各主体的经济博弈中。为了使各方博弈的结果趋于最优化，需要有一个稳定的长效机制，这种机制的制定者必须是政府。只有政府才能制定一个稳定且富有权威的政策，这个政策能够使被规制主体产生稳定的预期效应，并根据可预期的结果做出效益最大化的行为选择。只有政府部门依法通过适度的直接规制或间接规制对被规制主体及其活动进行规范和制约，才能最大限度地发挥并保障市场机制的良性效能，促进社会资源的优化配置，实现社会经济效率最优化和社会福利最大化。

二、政府规制的重要性

政府规制是实现维护秩序、规范管理和落实公共服务的必要手段。"政府规制的目的就是要维护市场经济秩序和社会公正，提高资源配置的效率，增进社会福利水平。"① 公平与正义是人们追求的两种价值，政府规制的价值应该体现在对公平与正义的维护上。随着市场经济的发展，公平与正义的矛盾必然随之逐渐突出，需要政府以其权威性发挥规制的价值，实现社会的和谐发展。政府规制具有较大的强制性，强制性来源于公共权力，微观经济主体必须遵循服从，否则将受到惩罚。我国政府近年来致力于行政审批制度改革，积极推进政府规制改革，取得了较好的效果。但是，由于我国社会主义市场经济体制正处于建立与完善的过程中，市场规模和市场范围不断发生变化，政府规制体系尚未健全，社会生活领域存在大量损害人民健康、破坏经济社会环境、影响可持续发展的现象，因此，政府规制的重要性更加凸显。

三、政府规制的可能性

政府规制实际上是政府向社会提供的一种特殊"政治产品"，政府规制的需求主要源于自然垄断性和外部性两大问题，政府规制的供给主要取决于政府对提供新的规制政策的认识和条件。政府对某一规制供给的认识会经历一个由浅到深的过程，只有当政府对规制供给的认识达到

---

① 朱光磊．现代政府理论［M］．北京：高等教育出版社，2006：370.

一定的深度，才会产生提供规制的动机。佩尔兹曼认为，政治家所采取的规制政策不仅要满足选票数量的最大化，还要使政治的边际替代率等于企业利润与消费者剩余之间的相互转移的边际替代率，从而达到规制均衡。政府规制作为一种特殊的政治性公共产品，其市场的供需均衡与一般产品市场迥然不同。在政府规制这个特殊市场上，政府规制成本对政府规制需求的调节作用较弱，政府规制的供需均衡主要通过政府单方面调节规制供给实现。政府规制之所以必须存在，是因为市场存在缺陷，如自然垄断、负外部性、正外部性和信息不对称等缺陷，正是这些缺陷为政府规制的不可或缺提供了最现实的存在理由。由于市场经济发展的现状与未来都难以完全消除这些缺陷，所以，政府规制必然成为一种被人类社会实践所认定的"政治存在"。

第四节　政府规制的形式

政府规制从科学制定到有效实施，都需要有合适的规制形式、合法的规制程序和合理的规制手段。政府规制的形式，一般分为经济规制与社会规制两大类。随着政府规制的不断实践，规制形式也日益多样化。植草益将政府规制划分为反垄断规制、经济性规制和社会性规制三种类型。曾国安认为政府管制应该包括经济管制、社会管制与政治管制三个方面。笔者将政府规制的形式概括为经济性规制、行政性规制、法律性规制、社会性规制、道德性规制和国际性规制。

一、法律性规制

政府规制是一种特殊的法律限制模式，它与一般法律限制模式相比较，前者是规定性，后者是禁止性。法律性规制是政府根据法定权限、法定程序实施的具有法律约束力的行为，包括立法、合同、委托、许可、监督、强制措施、处罚、强制执行、奖励以及裁决等，以保障市场经济的正常秩序，降低经济运行的制度成本。政府规制的前提是市场经济，市场经济本质上是法制经济，不同的国家由于市场经济发展的模式不同，致使法律制度所面对的主要问题不同，造成法律规制的构建也不同。我国政府规制所要解决的主要问题是如何为市场主体行为建立规则，确保市场合法有序运转。

二、经济性规制

在经济学的辞书中，政府规制是指政府为控制企业的产品价格、销售和生产决策而采取的各种行为。经济规制是指在自然垄断和存在严重信息不对称的领域，为了防止资源配置低效率和确保需求者的公平利用，政府利用法律权限，通过许可和认可等手段，对企业的进入和退出、产品和服务的价格及质量、投资行为、财务会计等有关行为进行规制。政府通过经济利益的调节影响经济主体的经济活动，并由此调节整个社会的经济状况，使整个社会经济达到供求均衡，实现资源配置的帕累托最优。经济性规制中最重要的内容是进入规制和价格规制，最主要的目的是维护公众利益，最基本的依据是法律法规。

三、行政性规制

行政性规制是政府采用行政命令、行政规定、行政指示以及下达指令性任务等方式，按照行政系统、行政层次、行政区划来管理社会，满足社会对它提出的功能需求。行政手段的使用具有强制性和灵活性的特点，使用起来可以克服包括时间在内的各种阻力，因此它比较适用于解决非常紧迫的问题。所以，在一定时期和特定领域行政手段的保留与合理使用，有利于经济效益的提高。行政性规制要求从政府职能转变的视角研究完善行政规制体制，明确行政规制主体和客体，界定行政规制的目标和对象，科学行使规制的手段和方法。

四、社会性规制

社会性规制是针对外部不经济和内部不经济，主要是指在存在外部性和信息偏差的领域，"以保障劳动者和消费者安全、卫生、健康以及保护环境和防止灾害为目的，对经济物品和服务质量以及伴随它们而产生的各种活动制定一定的标准，并禁止、限制经济主体或社会主体特定行为的规制"①。外部不经济通常损害某一个社会群体，政府必须通过对交易主体进行准入、设定标准和进行收费等措施对造成损失方进行规制。内部不经济是指交易双方在交易过程中，一方控制信息但不向另一方完全公开，由此造成的非合约成本由信息不足方承担。社会规制的重

---

① ［日］植草益. 微观规制经济学 ［M］. 朱绍文，译. 北京：中国发展出版社，1992：2 – 5.

点主要是完善技术标准政策、纠正信息不对称、保障安全生产、提高职业卫生水平、保护生态环境、提供社会保障、维护劳工基本权益等。政府规制假如偏重于经济性规制而忽视社会性规制，则会引发环境污染、安全事故、劣质产品等社会问题。

五、道德性规制

道德性规制是以公平正义为道德尺度，通过倡导诚信责任的道德要求，在社会经济生活中发挥道德的引导作用，提升个体和公共的道德水平，实现友善共利的道德目标。政府规制的道德价值和终极目标是实现公平正义和维护公共利益，要实现这个目标，既需要特定的相应的制度安排与规范建设，也需要社会道德本身在具体操作层面发挥积极作用。因为一方面政府规制的制定和施行过程不可避免地受到价值观、意识形态、政治制度等因素的影响，政府规制的有效性需要微观经济主体遵守法律和道德的习惯；另一方面公共权力运行的过程本身就是一个道德评价和道德导向的过程，道德舆论与道德标准无时无刻不规范着公共权力的合理合规有效运行。

六、国际性规制

国际性规制是适用于国际市场，维护各国经济主权和经济利益的行为规范。通过共同遵守与维护，实现各国货物、服务和资本在不同国家间的流动，在国际比较优势的作用下促进各国经济的发展。随着市场的国际化和世界经济的一体化，国际间贸易往来越来越频繁，国际性规制显得越来越重要。目前我国政府规制的研究更多涉及经济性规制和社会性规制，关于国际性规制的研究基本上处于空白状态。改革开放以来，我国经济发展的主旋律是建立社会主义市场经济体制，在实践中，贸易摩擦等国际性问题加剧了中国经济发展的矛盾，使中国承受了许多本不该承受的社会成本，经济的健康持续高质量发展遇到阻碍，这些问题凸显了国际性规制的重要性和紧迫性。

第五节　政府规制的内容

政府规制和宏观调控是政府经济职能的两个组成部分，政府规制是一种直接的微观的行政性手段，宏观调控则是一种间接的宏观的经济性手段，两者的目的都是弥补市场经济运行过程中出现的缺陷。政府规制是一种直接的行政性手段，主要以政府限价、经济立法等方式干预市场活动；宏观调控则是一种间接的经济性手段，主要通过财政、货币等政策调控宏观经济总量。政府规制作用于某一产业、某一行业或某一市场活动等较具个性特征的企业和组织，而宏观调控调节社会总供给和总需求，作用于整个国民经济。政府规制的演进历史表明，市场经济的健康发展和规范运行，有赖于系统的科学的政府规制。制定和实行科学合理的微观规制政策，可以规范市场经济运行，保护经济安全，培育公平、公正、高效和有序竞争的市场体系，促进经济发展。政府规制主要包括市场准入规制、价格规制、质量规制和环境保护规制等。笔者认为政府规制的内容可以概括为制定市场规则、消除负外部效应、干预市场配置、引导市场均衡、维护公共利益和提倡社会道德。

一、制定市场规则

我国正处于社会主义市场经济转型阶段，市场机制还不成熟，市场主体行为还不健全；我国的社会主义法制不健全，特别表现在规范市场机制的运行方面。政府主要通过制定法律和政策的方式来确定市场的规则。在界定和保护产权方面，政府通过《物权法》的制定明确了产权的界定和保护，特别是对私有产权的界定和保护，为保护产权提供了法律保障。在规范市场机制运行方面，通过《环境保护法》《反垄断法》《反不正当竞争法》《反洗钱法》《知识产权保护法》等法律的颁布与实施及进一步完善，使市场经济进入既合乎国情又相容于世界的法制轨道。

二、消除负外部效应

政府必须积极地消除负外部效应，在消除负外部效应的过程中政府对负外部效应进行综合有效的治理，促使外部不经济转变为外部经济。当然，在这一过程中要防止"权力寻租行为"的出现和政府行政裁量权的任意扩张。这需要政府建立一套有实际威力的社会监督机制，并通过对特定产业和被规制主体的进入、退出、价格、投资、环境、安全、生命、健康等，进行合法有效的监督与管理。不断强制监督被规制主体在市场中的行为，以保证经济行为的合法性，及时有力打击经济领域中的违法犯罪行为，反商业贿赂，净化市场环境，实现公共政策目标。

三、干预市场配置

政府通过价格规制、产业规制和合同规制等直接干预市场配置机制，对规制产业引入竞争机制，有利于降低价格，使服务多样化，提高被规制主体的效率与活力，促进技术革新的速度。干预市场配置改变不合理的价格规制和产业规制，取消垄断价格；规范合同规制，减少不正当竞争，维护市场竞争效率，实现市场最优配置。比如，政府对房租、教育收费、医疗费用、农产品价格等生活必需品实行最高限价，以及明确规定商品质量标准、规定商品广告必须诚实可靠等，都可更有效地维护消费者权益。

四、引导市场均衡

政府通过干预企业决策和影响消费者决策来引导市场均衡，如产品特征的限制、进入限制、环境保护标准等。明确并保护个人和企业产权，培育产权多元化市场。规范市场经济主体的市场准入、市场运营和市场退出等行为，简化和放宽市场准入的严格限制，打破条块分割，建立统一开放的全国性市场体系。在市场准入方面，打破国有企业独家垄断或多家垄断的格局，消除垄断行业的非效率，对现有垄断企业进行股份制改造，使其成为现代公司制企业，培育不同的市场主体。

五、维护公共利益

政府的一项重要功能是提供公共产品，通过降低生产者的市场交易成本和社会成本，提高民众的生活质量，维护社会公共利益，增进社会福利。当然，公共物品的提供也不是无限的，政府不能成为社会的总供给者。凡是通过产权界定能够以较低成本内部化的事务，国家均不宜干预，只有在那些很难内部化的问题上，国家才有提供公共物品的必要。比如，提供气象服务、建设高速公路、控制环境污染、管制烟草业等。

六、提倡社会道德

近代早期的自由主义者们相信"自由市场这只看不见的手好像替人们节省了有关伦理价值和公共政策的考虑"①。然而，随着经济的发展，众多社会经济问题的出现，要求社会主义伦理价值的介入。只有政府和伦理价值相结合，才能有效地为市场经济的发展提供人文精神的内力保障。因此，政府通过规制提倡诚实守信的市场经营原则，营造公平合理、竞争有序的市场环境；通过增强被规制主体的社会责任感，涵养其积极回报社会的奉献精神。

第六节　政府规制的量度

现代市场经济体系中，市场调节与政府干预、自由竞争与宏观调控是紧密相连、相互交织、缺一不可的重要组成部分。但是，市场调节与政府干预都具有内在的缺陷，都存在失灵的客观可能性。因此，必须寻

---

① 张康之. 公共行政的伦理把握及其取向［J］. 中山大学学报（社会科学版），2006（05）：95 - 96.

求市场机制与政府干预的最佳结合点，使政府干预在纠正和弥补市场失灵的同时避免和克服政府失灵。政府规制不同于一般行政行为，是国家干预经济行为的组成部分，主要目的是克服市场失灵，不足的规制与过度的规制都会导致经济效率和社会效益的非理想化，如何基于国情进行适度有效规制是各国政府共同面对的难题。一方面，不足的规制会降低规制主体的规范性和制约性。如果缺乏保护公平竞争的法律法规和措施，对基础设施、公共产品投资不足，政策工具选择失当，行政指令性手段运用不正确等，都不可能弥补和纠正市场失灵。另一方面，过度的规制会限制被规制主体的自主性和能动性。如果政府干预过度，干预的范围和力度超过了弥补市场失灵和维持市场机制正常运行的合理需要，公共产品生产的比重过大，公共设施超前过度，过多地运用行政指令性手段干预市场内部运行秩序，这样不但不能纠正市场失灵，反而抑制了市场机制的正常运作。所以，政府规制的度量必须限定在一定的适度范围之内，保持政府规制的指导性和有限性，既能调节市场失灵，又能有效规避政府失灵，从而确保经济发展。

一、强化规制与简化规制

政府和市场谁来规制经济，政府多一点还是市场多一点，一直以来都是争论的焦点问题之一，不同时期的不同理论主张采用的手段各不相同。20世纪的政府规制理论研究与实践，经历了从强化规制走向简化规制，又从简化规制走向强化规制的发展演变。可以说，强化规制和简化规制在方法取向上所做的博弈，始终贯穿于西方国家的经济社会发展、政府职能定位和管理模式的演变过程之中。20世纪30年代至70年代，强化政府规制理论占主导地位；20世纪70年代，发达市场经济国家先后陷入滞胀困境，经济学家们重新审视政府规制政策，出现了主张放松政府规制的理论。20世纪80年代以后，简化政府规制的理论观点和政策主张逐渐被西方国家政府所接受，提高了受规制产业的竞争力和效率，促进了产业结构调整和经济的发展。我国现阶段的主客观条件决定了政府规制的模式应该是强化规制与简化规制并重，在市场经济发展不成熟的领域或方面，强化政府规制，建立较为全面且相对细化的政府规制体系，从而有效纠正市场经济的缺陷；在市场经济发展较为成熟的领域或方面，简化政府规制，从而破除微观经济管理的僵化制度，推进政府微观经济管理制度的改革。

（一）强化规制

强化社会性规制是发达市场经济国家规制变迁的普遍趋势。政府规制的合法性来自政府的合法性，政府规制的合理性来自规制手段的合理性。20世纪80年代末90年代初开始的规制改革完善了政府通过严格的程序和利益相关者的广泛参与，增强政府规制的独立性与制度权威，同时规范和重构规制的范围和权限，重组规制职能，从限制性进入的经济性规制转向社会性规制。政府规制本身也可能产生"规制失灵"，但是，规制失灵并不能成为否定政府规制制度的理由，这只是说明规制制度设计存在缺陷，应进一步改进和完善，关键是完善政府规制的合法性、合理性和有效性。强化规制，一要强化社会性规制，解决环境污染问题、安全生产问题、食品安全问题等；二要强化保证有效竞争的规制，促使社会经济获得发展活力。

（二）简化规制

简化规制是在市场机制可以发挥作用的行业完全或部分取消对价格和市场进入的规制，使企业在制定价格和选择产品上有更多的自主权。简化规制主张改变政府垄断公共事务的局面，主张分散政府权力，削弱政府权威，重新发现市场、社会的价值。简化规制一般认为是以经济性规制为对象，而社会性规制以确保国民健康和安全、保护环境等为目的。简化规制主要是通过竞争机制，提供更多更好的产品和服务，降低收费水平，促进企业内部改革，最大限度地增进社会福利。具体做法包括放松对定价权的规制，放宽或取消最低限价和最高限价，逐步减少价格规制所涵盖的产品范围，放宽或取消进入市场的规制，等等。简化规制在客观上由于降低价格水平和使服务多样化而扩大需求和投资，从而使经济增长率得到提高。从 20 世纪 70 年代至今，以美国、英国、日本为代表的资本主义国家出现了一股以放松规制为特征的政府规制改革浪潮。资本主义国家放松规制的原因是多方面的。一是 20 世纪 70 年代石油危机以后，资本主义国家经济增长率下降，财政赤字扩大，因此各国都力求通过行政改革和精简行政机构来削弱行政开支，实现"小政府"目标，并通过民营化和引入竞争机制提高企业和产业的效率。二是在这一时期信息技术的普遍运用，使得许多受规制产业的性质发生了巨大变化，导致对某些产业实施政府规制的理论依据逐渐消失。由于技术的发展，使得自然垄断的边界发生了变化，出现了产业间的替代竞争，使传统的规制政策与手段失去了现实的必要性。三是世界经济一体化、国际间经济技术交往的迅猛发展也迫切要求放松政府规制。四是在规制理论的变化方面，由于对政府规制批判的不断深入和可竞争理论的出现，政府规制不再被认为是提高经济效率的唯一手段（夏大慰，2001）。这场规制改革的成果降低了价格水平，使包括引进各种减价制度在内的收费体系多样化；使企业提高了效率并具有活力；在客观上由于降低价格水平和使服务多样化而扩大了需求和投资，从而使经济增长率得到提高（陈富良，2001）。简化规制的具体要求一方面是要对行政审批过多、进入规制过严的不必要环节删繁就简，使之扼要化和明确化；另一方面是对自然垄断产业进行市场结构重组，严格控制经营企业的数量，以保证规模经济效益。

（三）强化规制与简化规制并重

社会经济的发展和科学技术的进步以及国际环境的变化，对政府规制的领域和范围以及规制手段都会提出新的要求，在实践中应根据区域发展状况进行不同组合以提高政府规制的有效性，需要放松某些规制，或者强化某些规制。从西方经济学发展及各国现行政策发展趋势来看，经济自由主义和国家干预主义二者的发展呈日益融合的趋势。转型期政府对企业行为的规制，既表现为一种放松规制的过程，也表现为一种强化规制的过程。在转型经济中的中国，政府规制的改革模式是建立松紧相宜的规章制度，将放松规制与强化规制并重。需要加强政府规制，建立健全政府规制体系，才能有效纠正市场经济的缺陷。简化规制有利于破除许多计划经济时期管理微观经济的制度，推进政府微观经济管理制度的改革。放松规制一方面是要对行政审批过多、进入规制过严的环节放松规制；另一方面是对自然垄断产业进行市场结构重组，把自然垄断性业务领域作为政府规制的重点，严格控制经营企业的数量，以保证规模经济效益。强化规制一是强化社会性规制，解决环境污染问题、安全生产问题、食品安全问题等；二是要规制重建，保证有效竞争，促进经济充满活力。政府规制应考虑市场调节和政府干预的效率边界，在市场调节可以实现资源优化配置的地方，政府应充分放开，尽量让市场发挥作用。在市场调节不能进行资源有效配置的地方，政府应毫不犹豫地果断出手，充分发挥政府干预经济的作用。只有这样，政府的规制政策才能达到预期效果，政府的职能才能得以准确地体现，政府规制才能走出困境。

二、直接规制和间接规制

政府规制按照规制机构和制约手段的不同，可以分为直接规制和间接规制。直接规制是政府直接介入被规制主体的决策，主要防止与自然垄断、信息不对称、外部不经济及非价值物品有关的市场结果的发生。间接规制是政府不直接介入经济主体的决策，主要防止资源配置的无效率，保护公平竞争和保证消费者的公平待遇。

（一）直接政府规制

直接政府规制是指由政府的相关机构通过市场进入规制、价格规制、技术性规制、信息规制等，直接对被规制主体市场行为施加的规制。直接规制又可分为经济性规制与社会性规制。经济性规制的领域主要包括自然垄断领域和信息不对称领域，目的是防止发生资源配置低效率和确保利用者的公平利用，通过许可和认可等手段，对企业的进入和退出，价格、服务的数量和质量，投资，财务会计等加以规制。社会性规制不分行业，主要是针对被规制主体行为造成环境污染等外部性问题与产品质量以及生产安全和卫生等内部性问题进行的规制，目的是保障劳动者和消费者的安全、健康、卫生等权益，保护环境、防止灾害。

（二）间接政府规制

间接政府规制指政府通过司法程序对微观经济主体实施的干预和硬性指导，制约阻碍市场机制发挥效能的行为，建立完善的有效发挥市场机制效能的相应制度。它不直接介入经济主体的决策，仅制约阻碍市场机制发挥效能的行为，并努力建立完善的、能够有效地发挥市场机制效能的制度。间接规制的内容主要包括以反垄断法为中心的竞争促进政策和以处理信息不对称为目的的信息公开政策，其目的是维护正常的市场竞争秩序。

（三）直接规制和间接规制的结合

我国正处于从计划经济向市场经济转变的时期，应通过借鉴西方发达国家规制体制改革实践的经验对规制的度量进行合理的配置，使市场机制和政府功能达到一种既分责又合力的平衡状态。虽然各国政府在不同时期运用的规制方式侧重不同，但是，这些规制方式之间并不完全排斥，综合使用这些规制方式的现象也不同程度地存在。转轨时期的我国政府规制，应该构建符合我国实际的政府规制体制体系，将直接规制和间接规制相结合。一方面要求逐步减少经济性规制，取消某些产业进入的障碍、许可准入的经营范围、进行政府定价等，为被规制主体创造机会均等的公平竞争环境；另一方面要求扩大社会性规制范围，增加规制机构，加强规制力度。改革开放以后，随着市场化改革的逐步深入，尤其是社会主义市场经济体制目标的确定，适应新体制的规制政策逐渐建立。西方规制改革的经验表明，放松规制并不意味着所有规制措施的终结，西方国家在放松对自然垄断行业的经济性规制的同时，社会性规制领域的关于产品质量、劳动保护等方面的政府规制反而得到加强。可见，从西方规制改革的经验和转型经济的特殊性上看，我国应该建立松紧相宜的规制制度，也就是直接规制和间接规制相结合的制度。

三、干预性规制与激励性规制

在政府规制的实践中，从政府为什么规制到政府怎样规制的探讨逐渐形成了公共利益理论、部门利益理论、可竞争性市场理论和激励性规制理论四个基本理论。公共利益理论与部门利益理论主要探讨政府为什么规制，实质上就是运用干预性可竞争性市场理论与激励性规制理论探讨政府怎样规制。干预性规制是为了防止企业操纵价格谋求垄断利益，而通过提高资源配置效率来增加社会福利。激励性规制在保持原有规制结构的条件下，给予被规制主体以竞争压力以及提高生产效率或经营效率的诱导，使被规制主体的内部效率达到最高水平。

（一）干预性规制

西方资本主义国家在 1929 年至 1933 年爆发的经济危机，使人们认识到市场存在缺陷，需要政府干预经济，政府规制的公共利益理论就是在这样的背景下产生的。公共利益理论主张政府规制是对市场失灵的回应，这一理论强调政府规制的目的是通过提高资源配置效率以增加社会福利，它要求政府必须介入并实行规制措施。政府规制要从公共利益出发制定规则，政府可以代表公众对市场做出一定理性的计算，使这一规制过程不仅能在经济上富有成效，而且能促进整个社会的完善。

（二）激励性规制

在规制俘虏和放松规制理论的影响下，为了提高规制效力，降低规制成本，激励性规制理论应运而生。西方规制改革的基本经验是在适当放松传统规制措施的基础上，引进激励性规制办法。为了提高内部效率而给予的激励方法多种多样，概括起来可分为两类。一是给予竞争刺激，主要有特许投标制度和区域间竞争。特许投标制度的基本思路是通过拍卖或招投标的方式，引入多家企业竞争某一产品或服务的特许经营权，使最有效率的企业能够中标，同时也使中标企业的经营最大限度地符合政府规制。不仅如此，由于特许经营权通常没有规定的年限，以致在潜在的竞争压力下，特许经营企业为防止在某一经营期限中丧失特许权，只能不断地降低成本、改善质量，进一步提高生产效率。区域间竞争是将受规制的全国性垄断企业分为几个地区性企业，使特定地区的企业在其他地区企业成就的刺激下提高自己内部效率的一种形式。二是给予利益诱导，主要有社会契约制度和价格上限规制。社会契约制度是指政府作为规制者与被规制企业之间就各种成本签订合同，对履行合同好的给予报酬，对履行合同不好的给予处罚的一种方式。价格上限规制是政府作为规制者和被规制企业之间以类似于社会契约制度的形式签订价格变动合同，规定价格的上限，使价格只能在规定的上限以下浮动的一种方式。

（三）干预性规制与激励性规制的结合

从国外的经验来看，解决规制中存在的问题的基本思路有两条：一是放松规制，引进竞争机制；二是把激励引入规制，对规制进行改良。政府规制一般通过立法和公共政策来实施，实际类似于一个强制的规则，迫使被规制主体在社会福利最大化的要求中进行生产，最终达到资源的最优化配置。市场有缺陷，需要政府干预，政府干预的目标或理想状态是提高资源配置效率以增加社会福利。但是，政府干预不一定能够弥补市场缺陷，达到干预的目标或理想状态。激励性规制理论将政府规制研究的重心从为什么规制转到怎样规制的轨道上来，它侧重于研究如何设计激励机制和手段，从而实现以最小成本获得规制信息和激励企业提高效率。自20世纪80年代以来，西方国家的政府规制理论和实践都发生了很大变化，伴随着放松规制改革，激励性规制已经成为政府规制的基本发展趋势。当前，我国正处于市场化改革的进程之中，应实行干预性规制与激励性规制相结合。可以借鉴西方发达国家的成熟经验，结合我国国情，引入激励性规制，有所取舍，合理改进，积极推进激励性规制改革，设计出适合我国国情的规制模式。根据不同行业不同时间的实际情况合宜选择具体的干预性规制措施与激励性规制措施。在市场经济的初级阶段，为保护企业投资的积极性，政府可采取倾斜的让利政策；当市场发育到高级阶段，应适时采取相应的激励政策，以防止企业利用私人垄断的强大市场力量任意攫取消费者剩余。通过引入竞争机制和提供诱导，提高被规制主体的生产效率，提高社会福利水平，让消费者直接分享被规制主体的超额利润或分担亏损，平衡各方利益诉求，实现多元利益格局的平衡。

第二章

政府规制的法律性维度

法学中的政府规制是一种特殊的法律限制模式，它与一般法律限制模式比较，前者是规定性，后者是禁止性。法律性规制是法的功能和作用的基本体现，是对微观经济行为进行调整和引导，实现社会经济关系和谐的有效手段。政府规制的前提是市场经济，不同的国家由于市场经济发展的模式不同，致使法律制度所面对的主要问题不同，造成法律制度的构建也不同。我国政府规制所要解决的主要问题是如何为市场主体行为建立规则，引导市场主体自觉遵守规则，确保市场在法律的框架下有序运转。因此，政府规制的法律性必须具有一个科学的维度，具体表现为有法可依的法律基础、平等公正的法律尺度、自由秩序的法律目标、依法规制的法律要求、违法必究的法律约束和可以诉讼的法律底线。

第一节　政府规制的法律基础：有法可依

市场经济要求市场规则具有严格性、稳定性与普遍性，使有法可依成为政府规制的法律基础。因此，必须将政府规制纳入立法的范围，用法律规范政府规制行为，使政府规制做到有法可依。现代市场经济国家政府规制的一个共同点就是以相应的法律为依据，在政府规制实践之前首先健全相关的法律体系。例如，美国政府在1976—1982年仅在交通运输领域就颁发了《铁路振兴和规制改革方案》《航空货物放松规制法》《汽车运输法》和《铁路法》等一系列法案，为交通运输产业的放松规制改革提供完善可靠的法律依据。英国先后出台了一系列的法律，使自然垄断产业规制改革具有可靠的法律依据和实施程序。我国改革开放以来的立法数量很多，速度也很快，概括起来当前中国的规制法主要有四类：一是正式法律，全国人大及其常委会制定和颁布的行政法规；二是国务院各部委根据法律法规在本部门权限内制定和颁布的实施细则、命令、指示、通知等；三是地方性法规和地方政府规章；四是规制机关所制定的具有普遍约束力的决定、命令及行政措施。从我国政府规制法规建设的情况来看，规制立法还是滞后于规制的需要，影响了规制的改革与发展。因此，要使政府规制有法可依，首先需要做好科学规制立法与健全规制法律体系。

一、科学规制立法

政府规制要以立法为先导，依照法律进行规制。规制立法是政府规制行为中最为关键的阶段，因为政府规制的对象、范围及其导向皆由规制立法确定。规制立法能否反映社会公共利益，在很大程度上取决于规制立法的制定过程。大量事实表明，政府规制立法与公众利益的错位是规制失灵的主要源头。因此，在立法阶段开展充分的公共决策听证，对于保持规制立法与公共利益的一致性十分重要。

（一）规范规制立法程序

从规范的意义上来说，规制立法应成为规制者和有关市场参与者互动的产物。规范规制立法程序，首先要将规制的立法权和执法权分开，规制立法在人大，执法权主要由政府行使，这样有助于防止政府部门利益、部门意志法律化。其次要改进规制立法工作方法，完善法律听证制度，采取听证会、论证会、座谈会等多种形式广泛听取意见，反映最广大人民的根本利益，维护社会公共利益。健全专家咨询论证制度，实行立法工作者、实际工作者和专家学者三结合制度，防止特殊利益集团操纵规制立法等现象。最后要建立社会公布制度，增加规制立法的透明度，以便全社会了解和遵守。

（二）加快规制立法速度

我国经过 40 年的法制建设，基本确立了行政法的制度框架，形成了行政组织法、行政行为法和行政监督救济法体系。但是，政府规制立法比较滞后，法律法规调整比较慢，法律法规空白点比较多。许多行业一直缺少相应的实体法律和程序法律，主要依靠各级政府相关部门发布的行政命令来实施规制。政策之间缺少协调性，造成政出多门、规制缺乏有效性，直接影响政府规制的制度化和法治化程度。因此，必须科学合理地制订政府规制立法工作计划，按照条件成熟、突出重点、统筹兼顾的原则，把握立法规律和立法时机，加快规制立法的速度，消除规制法律空白，做到规制立法进程与改革发展进程相适应、相对稳定性和适时调整修改相结合。法律法规既要保持相对稳定性，又要适时调整修改完善，当经济基础发生变革时，法律法规要及时反映社会经济现实。

二、健全规制法律体系

我国社会正处于转轨时期，市场经济制度处于构建过程中，规制法律制度还不完善。依法规制、维护市场经济秩序、建设社会主义法治国家，必须加强政府规制法规的体系建设。我国政府规制体系建设的基本准则是必须吸收外国在政府规制法律制度方面的经验，在现有的法律法规的基础上，进一步建立和健全政府规制的法律法规体系。

（一）补充完善

根据社会主义市场经济制度的基本性质和各行业的现状与发展趋势，对现行规制法律法规进行补充完善，修改不合适的条款，废除不合理的法规，使之符合现实与未来发展的需要。注重规制法律科学化，将粗线条的、可以进行多种解释的法律法规细化为具有可调适性和可操作性的法规，避免规制失灵。建立和完善规制法律法规修改、废止的工作制度和法律法规的定期清理制度，定期对法律法规实施情况进行评估，适时对规制法律法规进行修改或者废止，切实解决法律规范与现实之间的矛盾和冲突。按照《立法法》和《法规规章备案条例》的规定，进一步健全有关备案审查程序，加强备案审查工作，及时受理和处理公民、法人和其他组织提出的审查有关法规、规章和规范性文件的建议。

（二）统一法规

我国是一个多民族的人口大国，各地区、各行业的情况千差万别，伦理观念、风俗习惯多种多样，社会发展中的现象日新月异。我国具有立法权的机关上有全国人民代表大会及其常务委员会，下有省、自治区、直辖市人民代表大会及其常务委员会，呈现多层次化和多元化特征。改革开放以来，政府规制方面的法律法规已经制定了数十个，对规范规制起了积极的作用。但是，现实中的法律法规比较零散，不成体系；法律规定不够明确，主要依靠各级主管部门的理解来执行，造成有法不依、执法不严。另外，由于受传统的行政管理模式影响，仍然有大量未经有关立法部门授权的行政文件存在。相对法律法规而言，行政性规制文件具有部门利益倾向，容易产生寻租环境，滋生腐败，这是导致我国政府规制产生问题的根本。因此，必须以总体法和行业法的形式，制定总的规制法和各个行业的规制基本法，防止部门利益法规化，避免法律法规之间相互矛盾。

（三）完善法规

我国的法律制度建设已取得了重大成就，立法工作成效显著。要进一步从是否遵循经济社会发展规律，是否体现大多数人的意愿和利益，是否做到权利和义务的统一，是否有利于维护法制统一和政令畅通的原则出发，不断完善法律法规，使法律法规的内在逻辑严密，语言规范、简洁、准确，具有可操作性，内容科学规范、明确具体、切合实际，保证其普遍性和稳定性。明确划分自然垄断行业和非自然垄断行业，通过法律的形式将规制对象、规制目标、规制方式、规制机构、规制程序、规制权力与规制责任等确定下来，作为规制的依据。政府规制实施后，对规制所依据法律法规的情况进行检查、反馈和评估，及时发现存在的问题，及时调整和完善法律，使政府规制更具有效率和效果。

（四）提高质量

规制法律要遵循并反映经济和社会发展规律，紧紧围绕全面建设小康社会的奋斗目标，紧密结合改革发展稳定的重大决策，推动和保障发展这个执政兴国的第一要务，发挥公民、法人和其他组织的积极性、主动性和创造性，为在经济发展的基础上实现社会全面发展，促进人的全面发展，促进经济、社会和生态环境的协调发展，提供法律保障；要根据宪法和立法法的规定，严格按照法定权限和法定程序进行。衡量一项行政法规、规章质量高低的标准，主要看其是否遵循经济社会发展规律，是否体现大多数人的意愿和利益，是否做到权利和义务的统一，是否有利于维护法制统一和政令畅通。因此，要制定科学的立法计划，把党的领导、人民当家做主和依法治国有机统一起来，善于把党的方针政策通过法定程序变为法律法规，使其成为政府管理经济、文化和社会事务的法律依据。坚持以人为本，着眼于实现好、维护好、发展好最广大人民的根本利益，尊重和保障人权，保障人民群众的政治、经济和文化权益，创造有利于人的全面发展的制度环境。

第二节　政府规制的法律尺度：平等公正

政府规制作为一种特殊的公共物品，政府是规制制度的供给者，人们对规制的消费具有非排他性和非竞争性的特点。规制法规一旦确定，便自动覆盖相关领域，对进入该领域的所有主体行为起同等作用，正所谓"规制面前人人平等"。作为规制制度的提供者，政府必须保证规制立法及实施的平等性与公正性。

一、政府规制的平等性

平等意为公平、均衡、等同、均等。从本真意义上来说，平等强调人生而具有的同等地位和权利。正如《世界人权宣言》所言："人人生而自由，在尊严和权利上一律平等。"从引申意义上来说，平等强调个体在一切方面的同等性，包括权利与机会、过程和结果、起点到终点的平等性。政府规制在法律尺度上的平等不是平均意义上的平等，而是对待被规制主体在权利与机会意义上的平等。

（一）法律规定的平等

市场个体利益最大化追求与政府公共利益最大化目标博弈的结果，最终要求法律制度凌驾于各种利益主体之上，在对各种利益主体的规范与制约中实现彼此利益的均衡；把政府规制行为纳入法制轨道，依法规制，建立法律对权力的有效制约机制，避免政府在规制中的随意性，使权力运作严格控制在法律规范的范围之内；加强各级政府及其所属机构规制能力建设，合理划分中央与地方各级政府在政府规制方面的权责，保证法律规定的一致性和平等性，保证每个被规制主体平等的权利和机会，提供发展的可能性空间和余地，从最实效的意义上为政府规制确立起必要的条件。

第一，权利平等。只有对社会成员的基本权利予以切实的保证，才能够从最起码的底线的意义上体现出对个体缔结社会的基本贡献和对人的种属尊严的肯定，才能够从最本质的意义上实现社会发展的基本宗旨亦即以人为本位发展的基本理念，也才能够从最实效的意义上为社会的正常运转确立起必要的条件。

第二，机会平等。机会实际上是指社会成员发展的可能性空间和余地。机会直接影响着未来的分配状况，机会的不同将导致未来发展结果的不同，因而从分配的意义上讲，机会的条件是一种事前就有所安排的原则。不应低估机会问题对于整个公正体系的重要意义，它是在为每个微观市场主体的具体发展提供一种统一的规则。机会平等有两个层面的含义：一个是共享机会，即从总体上来说每个社会成员都应有大致相同的基本发展机会；另一个是差别机会，即社会成员之间的发展机会不可能是完全相等的，应有程度不同的差别。

（二）反垄断是维护平等性的重要保障

政府规制对垄断的干预主要有《反垄断法》和价格与产量管制。对于某些自然垄断行业而言，过度的竞争对资源配置的效率并无益处。绝大多数市场经济国家都制定了反垄断法，即使是对自然垄断性的行业也有明确的法律限制。许多国家的反垄断法明确规定，禁止大型国有企业借着控制地位损害消费者利益，国有经济占控制地位的关系国民经济命脉和国家安全的行业以及依法实行专营专卖的行业，国家对经营者的经营行为及其商品和服务的价格依法实施监管和调控，维护消费者利益。反垄断法在市场经济国家的法律体系中占有极其重要的地位，在美国被称为"自由企业的大宪章"，在德国被称为"经济宪法"，在日本被称为"经济法的核心"。美国于1890年颁布了世界上第一部反垄断法《谢尔曼法》，在1914年又颁布《克莱顿法》和《联邦贸易法》，形成了完整的反垄断法体系，对维护市场竞争的正常秩序起着决定性的作用。比如，美国国会在 1890 年至 1950 年通过了一系列法案，以反对垄断为例，其法律规定限制贸易的协议或共谋、垄断或企图垄断市场、兼并、排他性规定、价格歧视、不正当的竞争或欺诈行为等都是非法的。美国反托拉斯法的执行机构是联邦贸易委员会和司法部反托拉斯局，前者主要反对不正当的贸易行为，后者主要反对垄断活动。对犯法者可以由法院提出警告、罚款、改组公司，直至判刑。我国自经济体制改革以来，全国人大常委会颁布了一些涉及反垄断的法律法规，如《价格法》《反不正当竞争法》《反垄断法》等。《反垄断法》规定，具有市场支配地位的经营者，不得滥用市场支配地位，排除、限制竞争。它有效地预防和制止垄断行为，保护市场公平竞争，提高经济运行效率，维护消费者利益和社会公共利益，促进社会主义市场经济健康发展。

二、政府规制的公正性

公正是法的生命之所在。所谓公正，是指社会的一种符合人的本性的、符合社会发展基本宗旨的基本价值观念与准则。自古以来，无论是西方还是东方，公正问题历来被人们所重视和追求。公正在英文中意为公平、正义、正当、合理等。亚里士多德认为，公正就是中道，是不偏不倚。他把公正划分为分配性的公正和交往性的公正，前者强调"比例"的公正，后者强调"均等"的公正。① 在中国古代，汉朝班固在《白虎通义》中说："公之为言，公正无私也。"强调为人行事要正当、

---

① ［古希腊］亚里士多德. 尼各马科伦理学［M］. 苗力田，译. 北京：中国社会科学出版社，1990：95.

正直、无所偏倚。在现实生活中，人们从未停止过对公正的思想探索和目标追求，只不过是公正的精神内涵和表现形式不同而已。政府规制的一个法律尺度就是保证公正性，这种公正性包含着过程的公正性和权力行使的公正性。

（一）公正是一个历史的概念

公正是与一定的社会基本制度相连的，并以此为基准，规定着社会成员具体的基本权利和义务，规定着资源与利益在社会群体之间、社会成员之间的适当安排和合理分配。换句话说，公正表现为给每一个人他所应得的这种基本的形式。公正在各个不同的具体历史阶段里往往有着不同的内涵和理解。但是，只有现代社会里的公正才具有真正、充分的意义。在我国社会历史进程中，公正问题向来备受关注。但因为时代条件、社会制度和价值观念的不同，人们对"公正"所持有的思想主张和价值指向，与西方社会以及当今我国社会有着很大差异。这种差异以及由此带来的价值维度的转换，对一定时代的社会发展和个体生存都产生了极大影响，尤其在利益分配问题上，人们所秉持的公正观念以及因之而确立的基本原则，直接改变着社会和个体的生存发展状态。

（二）政府规制过程的公正性

政府规制过程有三个相互独立的主体，即规制的立法机构、实施规制的行政机构和被规制对象。为了最大限度地保证立法机构的公正立法和规制机构的独立行政，前两者与后者之间应不存在任何意义上的财产关系或利益牵连。长期以来，我国对自然垄断性质突出的基础设施产业基本上实行政府垄断经营的管理体制，电力、通信、铁路运输、煤气和自来水等基础设施产业的主要业务是由政府所属企业经营，政府有关部门对自然垄断行业的准入、价格、投资等都实行了严格的规制政策，但政府主管部门与企业之间，政企不分的现象仍有存在，难以摆脱部门偏好，带来了企业内部的低效率。

（三）行政权力行使的公正性

行政权具有管理领域广、自由裁量度大、以国家强制力保证实施等特点，它既是与公民、法人的利益最密切相关的一种国家权力，又是最容易被违法滥用的一项国家权力。因此，行政权力的行使，必须遵循公平、公正原则和正当程序，平等对待行政相对人，不偏私、不歧视；必须符合社会文明进步的尺度；行使自由裁量权应符合法律目的，排除不相关因素的干扰；行政目的可采用多种方式实现，尽量避免采用损害当事人权益的方式，即使在必须采取的情况下，其措施和手段也应以必要和适当为限度；非因法定事由并经法定程序，行政机关不得撤销、变更已经生效的行政决定；因国家利益、公共利益或者其他法定事由需要撤回或者变更行政决定的，应当依照法定权限和程序进行，并对行政相对人因此受到的损失依法予以补偿；行政机关工作人员履行职责，与行政相对人存在利害关系时应回避。

（四）形式公正与实质公正的统一

行政法规更多注重普遍适用，强调形式上的平等对待，较少往往也无力关注个案的特殊情况。由此，在适用中难免产生形式公正与实质公正之间的紧张关系。在我国行政法实践中，出现这种状况的根由同样存在，甚至更烈。主要原因有如下两点。一是成文法自身的局限性。对个案的特殊情况，在法律中找不到相应的指引，从而带来作为整体的形式公正与个体的实质公正之间的紧张与对峙。二是行政机关偏爱按照

"大法"行政。我国行政法理论和立法有一种将行政法治局限于"合法"的倾向,而将"合法"又作为与"合理"相对应的狭义概念来理解。行政复议法将如此"合法"和合如此之"法"作为审查重点,行政诉讼法更是几乎将其作为唯一重点。在这样的背景下,行政机关不顾及行为是否契合具体情况的要求,在个案中牺牲实质公正。因此,就行政法领域来说,要解决行政规范所追求的形式公正与实质公正之间的对峙,出路在于充分利用行政规定。因为行政规定并不是法规的翻版,而是根据一定行政法规,结合一定领域、地域、事项、主体和时期的比较具体的情况制定的,更能吻合一定时、空、人、事等变项的要求,为当下具体个案提供更能契合具体情况的指引。因而,只有贯彻法的规范性要求,同时满足个案公正的要求,才能最大限度地实现政府规制的形式公正与实质公正的统一。

第三节　政府规制的法律目标:自由秩序

在法学领域,"规制"一词最早在日本经济法中被使用,主要是指政府干预经济的合法性、合理性及其与市场及企业的互动关系。在我国法学界,规制不是一个专门的法律术语,即使在法学文献中加以使用,也大多强调"规范与制约"之意,与之比较接近的概念还有政府管制、政府干预、政府调控、政府调节等。市场经济的发展要求国家的经济调节职能日益发达,调节手段一般来说主要包括宏观调控和微观规制。宏观调控主要着眼于经济总量和总体结构,微观规制直接对市场经济的微观经济主体施加作用。微观规制一方面通过反垄断和不正当竞争、规制产品质量等方式对微观经济主体活动予以干预，以营造公平、自由、民主、竞争的发展环境；另一方面通过司法诉讼的方式介入微观经济主体的内部事务，以保证社会公平、民主和实质正义等法律理念在市场经济中得以实现。政府规制的目的是更好地发挥微观经济主体的效率，保障市场经济的合法、自由、有序发展。

一、自由竞争

市场经济本质上是自由竞争的经济，自由是市场经济对市场主体的最基本要求。微观经济主体自由地参加市场竞争，才会有不断前进的动力，社会经济才能向前发展。在市场经济发展过程中，市场的自发性和过度竞争有时会形成对秩序的破坏力量，因为逐利性是各种社会形态下商品生产经营者的共性。在追求利润和参与市场竞争的过程中，受局部利益和个人利益的驱动，有少数不法分子会不择手段地唯利是图、损人利己。政府规制追求的是社会公正，使微观经济主体在公平的基础上自由竞争，促进公共福祉的实现，保护个人权利的依法行使。微观经济主体具有主体独立、权利本位、行为自由的特点。主体独立意味着具有法定的地位和完整的人格，既不是政府的附庸，也不受政府的支配；权利本位意味着享有广泛而充分的权利，政府规制必须以促进和保障微观经济主体权利的发展和实现为目的；行为自由意味着微观经济主体只要不违反法律的强制性规定就可不受其他限制和干预，按照自己的意志和利益自主进行各种决策、自由从事各种经济活动。从另一个角度来看，微观经济主体追求效率，并不排斥政府规制，通过微观经济主体对个人利益的追逐实现资源的合理配置，促进经济发展，增加社会整体财富。

二、有序发展

从经济学意义上来看，在任何制度背景下唯利是图、损人利己、铤而走险或缺乏遵守共同行为准则意识的人总是存在的。像美国这样有着成熟的监管制度和经验的国家，也会出现破坏规则的事情。在实际经济运行中，不论社会具有怎样的公开约定，破坏制度总是可以比遵守制度获得更大的收益，那么就会有越来越多的人自觉或不自觉地从遵守制度转向破坏制度。这样，久而久之，社会的经济秩序一定会趋于紊乱。尽管市场机制的本质是"利益驱动"，但当前市场经济混乱的根本原因并非是市场机制作用的结果。恰恰相反，市场机制的最大优势就在于可以强制地实现"优胜劣汰"。因此，要根治市场无序现象，是要清除那些妨害"优胜劣汰"机制发挥作用的非市场行为：一方面，在严格限制政府对微观经济活动干预的同时，加强政府在公共服务上"看得见的手"的力量，保护生产经营者、消费者的合法权益，使各类市场主体在相关法律的约束和保障下进行生产经营，取得合法的利益；另一方面，在降低执法成本的同时，加大惩罚力度，使市场秩序失范的后果由包括监管者失职在内的违法者承担。

三、规制政府

政府规制要求行政机关必须根据立法目的，结合个案情况，在法律划定的范围内做出合理选择。但是，现实中个案情况总是千变万化、纷繁复杂。即使是对同一个案件，行政执法人员不同，考虑因素也存在不同倾向，更不用说行政人员执法水平的差异和种种非法因素的影响。由此，往往会出现同一案件由不同主体处理、同样案件由不同或者同一主体处理时的结果不同，以及同类案件之间在处理结果上存在较大差异等现象。在政府规制过程中，政府集执行权、自由裁量权、准立法权、准司法权等于一身，伴随着规制过程易于出现寻租行为，因此必须加强对规制者的规制，以保证政府规制行为的合理性和规范性。

第四节 政府规制的法律要求：依法规制

有法必依是社会主义法制的基本原则之一，是社会主义法制建设的中心环节，是法治的本质要求，是法律存在的价值所在。它要求一切国家机关党派团体、社会组织和任何个人，都必须遵守法律，严格依法办事。从现实情况来看，社会上出现的热点、难点问题往往与民生、民权、民利密切相关，其主要是由行政机关、司法机关履行职权不当或是不作为、乱作为造成的，也就是执法不严、有法不依。《中华人民共和国行政许可法》的公布实施是我国社会主义民主与法制建设的一件大事，标志着政府对经济社会事务的管理进一步走向制度化、规范化和法制化。国务院制定的《全面推进依法行政实施纲要》，确立了建设法治政府的目标，明确规定了此后十年全面推进依法行政的指导思想和具体目标、基本原则和要求、主要任务和措施，是进一步推进我国社会主义政治文明建设的重要政策文件。建设法治政府，就是为了使行政权力授予有据、行使有规、监督有效，做到依法治"官"、依法治权，防止行政权力的缺失和滥用，带动全社会尊重法律、遵守法律、维护法律。行政执法要严格遵照有法必依的原则，对执法者要有明确的要求和考核标准，对违法行为有明确的处罚标准，确保公正执法。在现代社会，依法行政不仅是社会不断发展和进步的制度基础和重要保障，而且是现代法治国家对政府和行政机关所提出的一项基本原则和基本要求。"依法行政"一方面意味着法律对行政权力的约束，另一方面也意味着法律对行政权力的授予。政府受人民之托，依宪法授权，获得并行使行政权力以管理社会、服务社会，是政府行政权力合法性的根本来源。在这一意义上，宪法、法律既是对行政权力的约束，也是对行政权力的授权和保护。真正做到以制约行政权力来保护公民权利，以扩展公民权利来监督行政权力，实现制约、监督行政权力与保护、扩展公民权利的相互依存和共同推进，从而防止行政权的随意扩张和侵害公民权利行为的发生。

一、职能分离

政府规制的立法机构、规制的行政执行机构和法律执行机构三者之间必须独立并相互监督，避免规制者被"俘获"，以为规制对象的合法权益提供制度上的保障。转变政府职能，打破行政垄断，切断规制机构与被规制企业之间的利益关系，把政企合一的体制转变为政企分离的政府规制体制，有助于建立公平竞争的市场环境。建立健全政府规制主体资格制度。继续深化行政执法体制改革，加快建立权责明确、行为规范、监督有效、保障有力的行政执法体制。要按照职权法定、权责一致的原则，清理和规范行政执法主体，明晰职责权限，从源头上解决多头执法、重复执法、交叉执法的问题。积极推进综合执法试点，继续实施相对集中的行政处罚权制度，探索相对集中的行政许可权制度，提高执法的整体水平。政府规制主体在其法定职权范围内实施，非政府规制主体未经法律、法规授权或者行政机关的合法委托，不得行使政府规制权；要清理、确认并向社会公告政府规制主体；实行政府规制主体资格制度，没有取得执法资格的不得从事政府规制工作。合法行政，行政机关实施行政管理，应当依照法律、法规、规章的规定进行；没有法律、法规、规章的规定，行政机关不得做出影响公民、法人和其他组织合法权益或者增加公民、法人和其他组织义务的决定。

二、职权法定

积极推行依法行政，要将各种政策规章纳入法律框架之内。由不同政府部门共同规制同一产业，可能会引起各行政管理部门之间职能交叉、职权不明、执法严格程度不一、重复执法，以及相互之间踢皮球等问题，并为寻租活动提供更多的机会。截至目前，我国设有工商总局、环保总局、质检总局、安检总局、食品药品监督局、发展改革委（物价）专事规制职能机构，在规范、约束和限制微观经济主体行为时，由上述行政管理机关按照各自的管理职能共同执法。要以规制法为依据，建立法定的政府规制机构，同时在法律中明确规制机构的职责并授予相应的法定权力，保证执法的权威性。成立高效、独立的规制机构，确认和保障规制机构与人员的独立地位，使其能够公正地发挥规制职能。依法界定政府与企业、政府与市场、政府与社会的关系，更多地运用法律手段管理经济社会事务，充分发挥市场在资源配置中的基础性作用，从而进一步解放和发展社会生产力。严格依法设定和实施行政许可。行政许可法对行政许可的设定范围、设定权限、实施程序、经费保障等方面都做了明确的规定，一定要坚决执行。一是行政许可的设定要于法有据。今后，除了法律、行政法规、国务院决定、地方性法规和省级人民政府规章可以设定行政许可外，其他规范性文件一律不能再设定行政许可。依法可以设定行政许可的，也不能超越权限、超越范围、违反程序。二是实施行政许可要严格按照法定程序进行。行政机关实施行政许可，要按行政许可法规定的程序办事，该谁办的事谁办，该办的事要快办，不能办的事也要及时答复。各级行政机关要进一步强化服务观念，改进工作作风，做到公开透明、高效便民。

三、规制合法

目前，我国地方各级政府及其所属机构是政府规制执法的基层组织，政府规制执法出现脱节的问题。由于与不同功能区相适应的差别财税体制尚未形成，地方各级政府特别是中西部地区县乡政府，财权和事权不相匹配，支出负担与收入不对称，致使其在行政目标、政绩评价、行为趋向上与中央政府不完全一致。所以，要严格按照法定权限和程序行使职权、履行职责。一是依法履行职责。各级行政机关及其工作人员一定要根据法律授予的权限管理经济社会事务和其他行政事务，既不能失职不作为，又不能越权乱作为。在行政执法过程中，要注意依法保障当事人和利害关系人的权益，防止发生因违法行使权力而侵犯人民群众利益的行为。行政机关依法履行经济、社会和文化事务管理职责，要由法律、法规赋予其相应的执法手段。行政机关违法或者不当行使职权，应当依法承担法律责任，实现权力和责任的统一。二是程序正当。程序正当是行政机关依法履行职责、正确行使权力的保障。行政执法中忽视程序，是滥用职权和执法犯法的一个重要原因。各级行政机关及其工作人员都要养成按法定程序办事的习惯，做出的行政决定要符合法定程序，执法行为要遵守法定程序。行政机关实施行政管理，除涉及国家秘密和依法受到保护的商业秘密、个人隐私之外，应当公开，注意听取公民、法人和其他组织的意见；要严格遵循法定程序，依法保障行政管理相对人、利害关系人的知情权、参与权和救济权。行政机关工作人员履行职责，与行政管理相对人存在利害关系时，应当回避。行政机关公布的信息应当全面、准确、真实。非因法定事由并经法定程序，行政机关不得撤销、变更已经生效的行政决定；因国家利益、公共利益或者其他法定事由需要撤回或者变更行政决定的，应当依照法定权限和程序进行，并对行政管理相对人因此而受到的财产损失依法予以补偿。依法做到执法有保障、有权必有责、用权受监督、违法受追究、侵权须赔偿。

四、监督有效

依法规制，必须强化对行政权力的有效监督。孟德斯鸠特别注重法律在政治社会中的权威性和法律对权力的制约性。他认为"但是一切有权力的人都容易滥用权力，这是万古不易的一条经验。有权力的人们使用权力一直到遇有界限的地方才休止"。博登海默说："一个被授予权力的人，总是面临着滥用权力的诱惑。面临着逾越正义与道德界线的诱惑。"因此，要以法律规范制约权力，使权力在法律规定的范围内活动。目前，我国的行政执法监督主要有两个途径和一个机制。两个途径是行政复议与行政诉讼。这两个途径都是事后监督，审查标准适用面非常狭窄，而且由于其抽象性强而很难真正落实，造成监督力度有限。一个机制是监督检查机制。我国现行立法关于政府规制的监督检查机制主要以执法部门的直接上级和同级人民政府的监督检查为主，由于同一执法系统职务利益的总体相关性、人事关系的互相纠葛性，其内部监督事实上很难真正发挥应有的执法监督作用。监督主体实施监督的范围、监督的方式、监督的内容、监督的职责义务等方面应通过国家立法的形式，使之具体化、制度化，以增强监督实施的可操作性，使这些监督职能从抽象的一般性规定中走出来，变成实实在在的法律规定的权利义务。近年来，我们已经建立和实行了比较完善的民主监督制度，包括人大监督、政协的民主监督、司法监督、新闻舆论监督、群众监督以及政府系统内部的监督。一是加强上下级监督。上级行政机关要建立健全经常性的监督制度，探索层级监督的新方式，加强对下级行政机关具体行政行为的监督。二是加强专门监督。各级行政机关要积极配合监察、审计等专门监督机关的工作，自觉接受监察、审计等专门监督机关的监督决定。拒不履行监督决定的，要依法追究有关机关和责任人员的法律责任。监察、审计等专门监督机关要切实履行职责，依法独立开展专门监督。监察、审计等专门监督机关要与检察机关密切配合，及时通报情况，形成监督合力。三是加强社会监督。各级人民政府及其工作部门要依法保护公民、法人和其他组织对行政行为实施监督的权利，拓宽监督渠道，完善监督机制，为公民、法人和其他组织实施监督创造条件。要完善群众举报违法行为的制度。要高度重视新闻舆论监督，对新闻媒体反映的问题要认真调查、核实，并依法及时做出处理，以防止和纠正规制机构不作为或违法行政。

第五节　政府规制的法律约束：违法必究

违法必究是社会主义法制的一个根本原则，也应该是政府规制的法律约束维度。《韩非子·有度》说："法不阿贵，绳不挠曲。法之所加，智者弗能辞，勇者弗敢争，刑过不避大臣，赏善不贵遗匹夫。"它强调法律不偏袒贵族，在法律面前没有贫富之分；执法者秉公处事，不畏权贵，违法必究。政府规制的主体是政府，因此，加快政府规制的改革与发展，必须从治理政府规制行为入手，建立起责、权、利明晰的违法追究机制。任何组织和个人都不得有超越宪法和法律的特权，一切违反宪法和法律的行为都必须依法追究责任。

一、消除权大于法

加强对政府规制的法律约束，一方面最大限度地减少政府不作为，另一方面更主要是减少不依法规制的行为。有法不依、执法不严的广泛存在与缺少对规制者的规制密切相关，正是因为缺少制衡与监督，才会在某些地方权大于法，才会使某些规制者利用手中的权力设租寻租而有恃无恐。依法有力制裁藐视法律的行为，消弭权力部门与权贵人物的特权意识，才能消除权大于法的现象。权力必须得到有效监督，尤其是那些能够带来直接利益的权力，更应当依法透明行使。如果权大于法，权力凌驾于法律之上，再完善的法律也没有意义。从某种意义上来说，法律尊严能够得到维护的程度与权大于法现象的消除程度成正比。所以，司法公正与法律尊严唯有不断地消除权大于法的意识才能不断地得到强化与维护。

二、依法处罚

目前，关于因政府行政行为失误和执法违法造成损害而给予赔偿方面的立法还有待完善，相应的执法监督机关正在构建。建立健全行政执法评议考核制和执法过错责任追究制，对各种违法行为都要依法追究责任；推行行政执法责任制，依法界定执法职责，科学设定执法岗位，规范执法程序；建立公开、公平、公正的评议考核制和执法过错或者错案责任追究制，评议考核应当听取公众的意见；积极探索行政执法绩效评估和奖惩办法，切实做到有权必有责、用权受监督、侵权须赔偿、违法要追究；严明法纪，强化责任，促使增强依法的自觉性。根据有权就有责，有责就要承担法律责任的要求，实行严格的错误追究制度和惩戒措施，要严肃依法查处，坚决制止不法行为，惩戒当事人，树立法治权威。以此严厉的他律方式，强化其法律责任意识，促使其反省自律，落实法定责任，进而增强严格依法办事的自觉性。

第六节 政府规制的法律底线：可以诉讼

法学界关于政府规制的讨论主要集中于规制程序和规制行为的司法控制。规制程序受到立法、执法及司法三方面的控制，规制行为必须遵守授予其权力的成文法和有关程序法规。在市场经济比较成熟的国家，政府规制立法在实体法和程序法方面都比较完备。目前，我国的规制程序法只有一般性、原则性的规定，这造成了规制过程中的随意性与非规范性，给规制者滥用职权提供了空隙，致使市场主体合法权益受到侵害时难以获得相应的权利救济。因此，为了规范政府规制，保护市场主体合法权益，必须建立统一的规制程序法。

一、建立政府规制复议制度

根据行政复议制度，建立政府规制复议制度，作为政府履行层级监督责任和自我纠错的法律制度。通过规制复议工作制度，及时有效监督各级政府严格依法规制，妥善解决规制争议，维护社会稳定。积极探索规制复议工作的科学方式，对事实清楚、争议不大的规制复议案件，建立简易解决争议程序。对符合法律规定的规制复议申请，必须依法受理；审理规制复议案件，要重依据、重证据、重程序，公正做出规制复议决定，坚决纠正违法、明显不当的规制行为，保护被规制主体的合法权益。建立规制复议责任追究制度，对依法应当受理而不受理规制复议申请，应当撤销、变更或者确认具体规制行为违法而不撤销、变更或者确认具体规制行为违法，不在法定期限内做出规制复议决定以及违反规制复议法的其他规定的，应当依法追究其法律责任。

二、加强对政府规制的司法审查

在现代宪政国家中，政府规制行为普遍受到严格的司法控制。特别是市场经济发达的国家，政府的规制权力不仅受到严格的司法控制，而且受到社会舆论的普遍关注和监督。加强对政府规制的司法审查，必须将政府规制的法律法规制定行为纳入司法审查的范围，建立健全行政赔偿和行政补偿制度。我国规制执法中的一个十分突出的问题就是相关被规制主体对于失误规制及其造成的损害缺乏足够的救济手段。《国家赔偿法》规定的有限赔偿原则，事实上导致了市场微观经济主体无法获得充分有效的等价补偿。由于没有相应的法律做保障，对政府规制失误、执法违法或偏差造成的对被规制主体的损害往往得不到追偿，不仅损害了政府的形象，还可能导致政府规制执行部门滥用权力。因此，必须严格执行《国家赔偿费用管理办法》关于赔偿费用核拨的规定，修改现行《行政诉讼法》和《国家赔偿法》的有关条款，补充相关的补偿条款，探索在行政赔偿程序中引入听证、协商和和解制度，依法从财政支取赔偿费用，保障被规制主体能够依法获得相应的赔偿和补偿。

三、政府规制实体法应定位为微观经济主体权益的司法保障

传统的行政法学往往将公共权力部门视为公民权益潜在的最大侵害者，因而将行政法的使命聚焦于对公共权力的严密防范。迄今，作为行

政法理念的"控权论"在我国仍然占主导地位，问题的症结可能主要在于传统行政法重在抑制政府作恶，而不期望政府行善。在现代规制国家，一个能动有为的政府恰恰是社会的期待。可见，行政法的控权理念需要适时地转变。正如台湾地区学者叶俊荣先生所言："行政法的时代机能应当包括私人权益的司法保障和公共福祉的制度体现。将行政法定位为私人权益的司法保障，其背后的基本哲学是行政机关在本质上倾向于滥权而侵害人民权益；容易滥权的行政机关必须受法律的拘束；不论是避免行政机关滥权或保障人民权益，都必须借由独立公正并具有法律专业的法院进行。将行政法定位为公共福祉的制度体现，其背后的基本哲学是行政机关在本质上应被定位为增进公共福祉；法律并非消极地用来拘束行政机关，而是借由适当的制度设计，积极地促成公共福祉的增进；公共福祉的体现，并不能只靠独立公正并具有法律专业的法院，行政机关或政府整体所主导的程序，更是影响公共福祉体现的重要场域。"① 在新的时代背景下，行政法无疑应当兼顾公共权力的有限和有效，这是现代行政法的内在价值。近 20 年来，政府规制学派在美国的兴起代表了美国行政法学的最新发展趋势，它昭示了行政法学的真正任务是"不仅仅给行政机关安置一个规范其权力运用的笼套，更为重要的是促使政府科学地、有效地进行公共管制以实现公共福利的宗旨"②。因此，政府规制实体法应当深入研究具体行政领域的规制现象，遵循从个别到一般的路径，定位为微观经济主体权益的司法保障，解决诸多亟

---

① 叶俊荣. 行政法案例分析与研究方法［M］. 台北：三民书局，1999：9－11.
② 董炯. 政府管制研究：美国行政法学发展新趋势评介［J］. 行政学研究，1998（04）：80.

须解决的规制课题，提升政府规制实体法研究的可行性与实效性。

四、政府规制程序法要从关注规制结果的合法性向规制过程的正当性转变

传统行政法学研究遵循的一个路径是从抽象到具体的路径，过多地强调行政活动的共性而忽略了行政活动的个性。我国的行政诉讼更多关注各种行政活动的法律容许性与范围界限性，试图通过事后的司法审查确保行政的合法性；对各类行政活动进行抽象归类，然后借助这些概念去研究行政规制的过程。另一个路径是从行政活动的结果出发，寻求对公共权力的约束。在现代政府规制国家，诸多具体的行政领域都涉及异常复杂的规制环境和变化多样的规制工具，抽象而大一统的行政法学理论体系已经无法合理地解释不同领域的规制现象，着眼于事后的司法审查更难以驱使行政机关在行政过程中选择合适的规制工具进而实现既定的规制目标。这就是当前相当一部分微观经济主体不愿意通过法律手段解决问题而采取上访、闹事等方式的深层原因。因此，政府规制程序法应当从总论向分论、从关注规制结果的合法性向关注规制过程的正当性转变。因为规制者的规制行为首先表现为依法规制，但是规制机构与一般的行政机构是不同的。要控制规制者的违规行为，尽可能地减少政府规制失灵，就应当建立完善的政府规制程序制度，使行政程序法典化。一套完善的政府规制程序制度，包括一系列的内容，比如公开制度、告知制度、职能分离制度、回避制度、说明理由制度、时效制度、救济制度、申辩制度等。在条件成熟时制定统一的政府规制程序法典，使被规制者的行为和规制主体的行为都受到规范和制约，使侵害被规制者利益的行为和权钱交易、以权谋私的行为都能得到法律的制约和制裁。例如，日本在 1993 年正式通过的《行政程序法》，对事实行为的定义、原则、限制、方式、程序、注意事项做出了系统的规定。德国在《联邦德国行政程序法》中进行了调整，同时在实践中注重"利益衡量"，即行为的合法与否不能仅从法律条文的概念到概念的逻辑推理，应从实际的社会效果如何，能否平衡相互矛盾和冲突的私利和公利来衡量。美国的做法是将事实行为分类适用于《联邦行政程序》的相应规定，突出对事实行为立法方面的司法审查，运用"禁反言原则"和"正当程序原则"保护事实行为相对人的权利。英国通过司法实践中发展起来的"正当期望原则"给予相对人以救济。相对人如因行政机关的先前行为（如发出通知，做出指导或承诺等），尽管没有获得某种权利或者可保护利益，却合理地产生了对行政机关将来活动的某种预期，相对人可以要求行政机关将来满足其上述预期，行政机关除非有充分的公共利益的理由，原则上不得拒绝。

第三章

政府规制的经济性维度

在市场经济体系中，市场调节与政府干预，自由竞争与宏观调控，必须紧密相连、相互交织、缺一不可，才能保护微观经济主体利益，才能保证经济的健康发展。经济性规制作为政府规制的一种重要手段，其尺度、目标和方式等选择都要以纠正市场失灵的需要为基础。经济性规制的实践和理论都必须具有一定的科学维度，忽视这个维度就很难实现规制目标。经济性规制维度具体表现为市场经济的经济基础、实用适度的经济尺度、高效低险的经济目标、监管市场的经济要求、方式多元的经济约束和维护市场的经济底线。

第一节　政府规制的经济基础：市场经济

市场经济是以市场作为资源配置基础和调节手段的经济模式，本质是通过供求规律、价值规律对资源进行合理配置。不过，市场在运行中往往存在失灵的现象和领域，仅凭市场本身的力量又难以解决。因此，需要政府在经济运行中进行微观规制，矫正市场可能出现的扭曲，弥补市场存在的失灵，促使市场有效运行，保证经济有序发展。所以，政府规制是市场经济不可或缺的制度安排，市场经济是政府规制的前提和基础。

一、市场经济的局限性

市场经济作为一种经济体制和发展方式，既具有优越性，又具有局限性。优越性主要表现为市场机制是当下最具效率和最富活力的资源配置方式，具有其他体制和方式不可替代的优点，至少体现为两个方面：一是市场经济具有经济利益的刺激性、市场决策的灵活性和市场信息的有效性等；二是利益驱动和自由竞争形成一种强劲的动力，极大地调动了微观市场主体的积极性和创造性，促进生产技术、生产组织和产品结构的不断创新，提高资源配置的效率。局限性主要表现为由于市场机制作用的自发性、盲目性和滞后性，可能造成市场机制不能正常发挥作用而导致市场失灵。具体地说，由于市场内在功能性缺陷和外部条件缺陷，引起市场机制在资源配置上的低效率和在某些领域运作的失灵，体现为信息性失灵、垄断性失灵、竞争性失灵、外部性失灵、内部性失灵、公共性失灵、宏观性失灵、公平性失灵、分配性失灵和风险性失灵。

（一）信息性失灵

信息是市场经济一个非常重要的市场要素，在市场经济中具有重要的价值。如果信息不完整或不准确，那么微观市场主体很难正确判断自己在市场中的正确地位和做出正确的行为选择。信息性失灵表现为在市场行为过程中，微观市场主体对信息的了解程度不同，出现"信息不完全"或"信息不均等"的现象。市场竞争的一个重要假定是"信息是完全的"，但是，在现实生活和经济活动中，信息一般是不完全的。市场中的一部分主体比另一部分主体更多和更清楚地了解有关信息，产生所谓的信息不对称。信息的不对称使微观主体难以拥有充分的信息，致使资源配置最优状态难以实现。当存在信息不完全和不充分时，微观主体双方中的某一方拥有另一方不知道的信息，导致次品充斥市场的现象，产生所谓的"逆向选择"问题。对市场机制来说，"逆向选择"的存在意味着市场失灵。信息的不完全性会破坏市场机制运行的"优胜劣汰"的作用，以至于出现"优汰劣胜"的资源配置。信息的不对称可能产生逆向选择与道德风险而使经济难以健康持续发展，破坏社会利益最大化的原则，使社会资源无法实现最优配置。

（二）垄断性失灵

市场经济的内在逻辑决定了垄断的产生，市场机制只有在竞争状态下才能最有效地发挥作用。但是，竞争会导致生产的积聚和集中，从而形成垄断。垄断性失灵表现为市场上出现为数很少的几个微观主体，甚至是独个微观主体的局面。因为生产的边际成本决定市场价格，生产成本的水平使市场主体在市场的竞争中处于不同地位，进而导致某些处于有利形势的主体逐渐占据垄断地位。垄断降低市场机制的作用，妨碍经济效率的提高，影响资源的合理配置，引起价格扭曲、产量扭曲和收入扭曲。在市场扭曲的情况下，如果没有政府的规制，必然会导致社会损失，造成生产经营者以牺牲消费者为代价。

（三）竞争性失灵

从一般理论上来讲，竞争性市场导致资源的有效配置，市场中竞争的主体会以消费者购买的数量，以生产成本最小的方法，生产消费者所需要的产品和服务，获得有利的市场条件，从而获取利润最大化。在这种竞争中，资源将流向最具资源运用效率的经营主体，促使资源在动态中获得优化配置。但是，这种竞争的存在必须以没有任何一个供给者或消费者可以影响市场价格为条件。市场的存在和运行是以市场中存在多个经营主体为前提的，不同的经营主体在同一市场空间活动必然发生相互间的竞争，这种市场竞争是由市场运行自然产生的。在一定时期市场份额确定的条件下，经营主体之间的竞争表现为市场份额的此消彼长关系。市场竞争可以实现消费者的偏好满足最优，经营主体之间的竞争对其产出成本和价格会形成最优激励。因此，市场竞争既可能出现生产者剩余，也可能出现消费者剩余。

（四）外部性失灵

所谓外部性，又叫外在性，是经济学中用来描述一种经济行为所产生的外部效用的概念。它是指这样一种现象：一个人的行为影响了他人的福利而相应的成本收益没有反映到市场价格中。这种影响不是通过价格影响市场供求关系的变动发生，而是直接地影响他人的经济环境和经济利益。在市场经济中，私人因价格机制的作用可以获得最大的利益，而社会却因价格不能补偿社会成本而遭受损失。对外部性的研究最早可追溯到亚当·斯密，他在论述市场经济的"利他性"时认为，"在追求他本身利益时，也常常促进社会的利益"①，涉及了正外部性的特点。理论界一般认为外部性概念是由马歇尔首次提出，并且首创性地提出了"外部经济"的概念。随后庇古对外部性理论进行了发展，形成了静态技术外部性理论的基本框架。在外部性理论的发展中具有里程碑意义的一位经济学家是罗纳德·科斯，他认为明晰产权是解决外部性的最有效手段，只要产权充分界定，就没有政府干预的必要，重新强调了"市场是美好的"这一经济自由主义论调。经济学家曼昆指出："外部性是一个人的行为对旁观者福利的影响。"② 斯蒂格利茨指出："只要一个人或一家厂商实施某种直接影响其他人的行为，而且对此既不用赔偿、也不用得到赔偿的时候，就出现了外部性。"③ 外部性分为正外部性和负外部性两种类型。如果对他人造成的影响是有利于他人的，就称为正外部性；如果这种影响是对他人不利的，就称为负外部性。根据外部影响理论，外部影响是指企业或个人向市场之外其他人所强加的成本或收益，外部性问题在现实生活中广泛存在。以环境污染、环境破坏、过度浪费资源为代价的经济高速增长，虽然满足了目前利益，但从长远来看，不仅威胁到当代人类的生存与发展，而且给后代的生存与发展也带来很大威胁。由于外部性问题会引起市场失灵，导致社会资源配置的低效率，尤其在环境资源的利用上，行为主体必然会选择过度开发和利用资源，进行毁灭性开发。具有特殊性的是政府行为外部性，政府行为外

---

① 高鸿．西方经济学（上）［M］．北京：经济出版社，1996：9.
② ［美］曼昆．经济学原理［M］．梁小民，译．上海：上海三联书店、北京：北京大学出版社，1999：208.
③ ［美］斯蒂格利茨．经济学［M］．姚开建，译．北京：中国人民大学出版社，1997：146.

部性不仅表现在影响企业与居民的决策，同时其外部性也会诱使市场外部性的产生。

（五）内部性失灵

韦氏在《新世界词典》学院第二版中将"内部性"定义为"内在的、固有的、必要的本质或属性"。最早对内部性进行系统研究的是美国经济学家史普博，他在《管制与市场》中独创性地使用了"内部性"这一概念，将内部性定义为"由交易者所经受的但没有在交易条款中说明的成本或效益，它包括负的内部性和正的内部性"①。由此可以看出，内部性主要是由信息不完全而对交易另一方造成的成本或效益，包括正内部性和负内部性。前者如就业者上岗培训而从中得到的好处并没有在劳动合同中反映出来；后者如卖给消费者的产品有质量问题、生产中的工伤事故等，它们对消费者、雇工等交易者造成的伤害也没有在交易合同中反映出来。维斯库斯指出了负内部性的表现："由于信息和交易成本的存在，不可能使风险的成本完全内部化。结果降低风险的激励低于有效水平，而发生的事故却多于最优的数量。"② 例如，卖给消费者的产品存在质量问题、生产中的工伤事故等，它们对消费者、雇工等交易者造成的伤害并没有在交易合同中反映出来。正内部性是交易一方的行为给另一方带来效益，如就业者因上岗培训而从中得到的好处也没有在劳动合同中反映出来。我国程启智对内部性理论进行了介绍与分

---

① ［美］丹尼尔·史普博. 管制与市场［M］. 余晖，等译. 上海：上海三联书店、上海人民出版社，1999：64.
② 刘爱东，王晰. 国际反倾销中的内部性、外部性及产权界定分析［J］. 国际经贸探索，2008（08）：67.

析，并对内部性理论进行了创造性运用，认为不论外部性还是内部性，都是由于产权未充分界定而导致的成本与收益的外溢，二者唯一的不同是受损（受益）方不同。外部性是对不涉及交易的第三方造成的影响，而内部性是具有信息优势的交易方对信息劣势的交易方造成的影响。从本质上来看，内部性是在信息不完全的情况下低效率的产权交易所造成的成本。由于现实世界具有高度不确定性，面对变化多端的情况，获取全面信息的难度更大，为此支付的交易成本就更大。在这种情况下，谁拥有信息优势，谁便会优先进入公共领域去攫取尽可能多的交易潜在收益或规避尽可能多的成本。现实中内部性问题大量存在，其表现可归为以下几大类：产品质量或服务缺陷，市场上所出现的大量假冒伪劣产品，日益增多的医疗纠纷等低劣的服务质量，都给消费者带来不同程度的伤害，甚至威胁其生命；工作环境质量对生产者健康所带来的内部性；交易缺陷产生的内部性，如合同诈骗，由不规范行为所导致的合同执行的中止等行为，给交易者带来伤害；政策缺陷产生的内部性，由于各级政府主体之间的信息不对称，下级政府在贯彻上级指示时，有时会发生偏差。

（六）公共性失灵

萨缪尔森在《公共支出的纯理论》中指出，公共产品具体判定标准主要是非排他性和非竞争性。非排他性包含两个方面的含义：一是在技术上不能将不付费的受益者排除在外；二是虽然在技术上可以排他，但排他的成本十分昂贵，以致在经济上不可行。非竞争性亦包含两个方面的含义。一是边际生产成本为零。就是指增加一个消费者对供给者带来的边际成本，而非产量增加而导致的边际成本。二是边际拥挤成本为零。这就是说每个消费者的消费都不影响其他消费者的消费数量和质量，这种产品不但是共同消费，而且也不存在消费拥挤现象。凡是能够完全满足以上两个基本特征的产品和服务就可以判定为公共产品。公共产品是指在同一时间为多个个体共同消费或无竞争消费而得益的产品。它包括完全无竞争消费的"纯公共产品"和部分竞争消费的"非纯公共产品"两类。给定公共产品的数量，增加一个人使用这种物品并不会妨碍先前使用者对此物品的使用，但会减少先前使用者的收益。如果将特定的个体排除在公共产品的消费或公共产品现有产出的使用之外也许是不可能的，或至少要花很大的代价，这意味着运用市场价格机制将那些不愿意付出现行价格的人排除在一物品的消费之外是不可能的。这样，"帕累托最优"原则存在的前提假定就不复存在，"搭便车"问题因而产生，"市场失灵"因而存在。

（七）宏观性失灵

市场调节实现的经济均衡是一种事后调节并通过分散决策而完成的均衡，它具有相当程度的自发性和盲目性，由此产生周期性的经济波动和经济总量的失衡，即宏观性失灵。当存在超额供给时，引起生产过剩，经济衰退和失业；当存在超额需求时，诱发过度需求，引起通货膨胀。当两种情形交替出现或一起出现时，市场本身无法调整，必然引起经济的混乱，表现为市场总供求发生以超额供给或超额需求为特征的宏观经济总量失灵。比如，20世纪90年代我国经济普遍出现了过热的倾向，其中尤以房地产热为甚，房屋价格飙升，房产市场波动很大。市场无法自动调节，给人们的生活带来很大影响，这在很大程度上是由于忽视了房地产的宏观调控所致。

（八）公平性失灵

市场本身无法保证其公平性，因为市场能够促进经济效率的提高和生产力的发展，但不能自动带来社会分配结构的均衡和公平。市场经济奉行等价交换、公平竞争的分配机制。但是，由于各地区、各部门（行业）、各单位发展的不平衡以及各人的自然禀赋、文化素质及其所处社会条件的不同，造成收入水平的差别，产生事实上的不平等。竞争规律往往具有强者愈强、弱者愈弱、财富越来越集中的"马太效应"，导致收入在贫富之间、发达与落后地区之间的差距越来越大。社会贫富悬殊，导致社会总消费不足，造成市场难以发育，影响经济的持续增长；过度的贫富分化，削弱社会的内聚力，制造社会的不公正，破坏维系社会的政治纽带。

（九）分配性失灵

市场均衡的结果显示资源的有效配置，帕累托最优状态只能解决经济效率问题，没有办法解决合理分配问题。市场经济在分配方面存在的缺陷，单纯依靠市场机制的自发作用是无法弥补的，更不可能实现公平的收入分配。因为市场经济在分配方面的缺陷主要是追求效率最大化。垄断的存在、市场竞争的初始条件不均，经济运行时间和空间上的不均衡和生产要素供求状况的不平衡等，在市场机制的自发作用下，必然形成收入的不合理差距。如果没有外在力量来维护收入分配的公平，那么社会的贫富差距将会变得越来越严重，直至危及社会稳定。

（十）风险性失灵

市场主体具有独立性、平等性，也就是说，无论是个人还是组织都是平等、独立的经济实体。由于市场主体具有自主地做出经济决策的权力，独立地承担决策所带来的风险，这与计划经济体制下由政府部门做出经济决策并承担责任的经济模式不同，可能造成更大的风险。

二、政府规制的必要性

从理论上来讲，完善的市场机制能够使市场的资源、要素和手段等实现有效配置并发挥最大效用。但是，现实中完全竞争市场的假设条件通常很难得到满足，没有政府干预，很难实现资源的有效配置。所以，市场存在失灵决定了政府介入、干预经济活动的必要性和正当性。植草益认为市场机制虽然被证明是最有效的资源配置机制，但是它也有自身无法克服的缺陷。"如果不采取一些措施来纠正这些市场失灵问题，那么，市场机制非但其自身无法有效地发挥职能，而且会给整体经济带来严重的后果。而且……在以市场机制为主体的经济社会，对分配的公平、经济的稳定和非价值物品采取政策上的措施是完全必要的。"① 世界银行在《1997 年世界发展报告》中指出，在市场经济条件下，政府对于社会经济发展也具有重要作用，担负着"解决市场失灵问题"和"促进社会公平"的作用。萨缪尔森说："当今没有什么东西可以取代市场来组织一个复杂的大型经济。问题是，市场既无心脏，也无头脑，它没有良心，也不会思考，没有什么顾忌。所以，要通过政府制定政

---

① ［日］植草益. 微观规制经济学［M］. 朱绍文，译. 北京：中国发展出版社，1992：15.

策，纠正某些由市场带来的经济缺陷。"① 因此，只有通过政府规制，才能消除信息不对称、抑制过度垄断、创造公平机制、消除或减少负外部性、避免内部性问题产生、提供公共产品、保持宏观经济平衡、促进社会公平、保证合理分配和避免风险发生。

（一）消除信息不对称

矫正信息的不完全和不充分需要政府提供信息平台，发挥强有力的作用，减少信息不对称对经济产生的危害。一是建设政府信息平台。建设政府信息平台意味着政府管理社会和经济的一切措施都向全社会公开，任何人都可以通过合法渠道了解自己想要的信息。建设政府信息平台，一方面有利于发挥政府的主动服务作用，有利于提高政府效能，有利于促进全社会信息共享；另一方面对政府形成一种有效的全方位的社会性监督，对外部信息的汲取能力能够大大提高，对问题的处理更加迅速有效，对企业和整个社会的服务更加完善。二是提供充分的信息服务。在现实世界中，市场经济不能自发地提供各种完备的公共信息，规制者掌握的信息与被规制者掌握的信息存在信息不对称。公共信息作为公共产品的一种，只有政府能够保障市场信息的准确性、及时性和可靠性，使组织和个人做出合法并且得当的行为选择。所以，政府有义务为众多的市场主体提供必要且足够的信息服务。

（二）抑制过度垄断

在垄断条件下，垄断者可以控制和操纵市场，可以利用垄断地位低

---

① 王晋. 第三部门：市场与政府的非零和产物：兼论我国第三部门的现状及发展趋势［J］. 政治学研究，2004（03）：109.

价采购、高价销售，从而获得高额垄断利润。一般垄断形成后，处于垄断地位的市场主体一般都会为了维持垄断利润而限制产量，从而常常导致资源配置缺乏效率，不能达到产量最大和资源的最优配置，消费者因垄断的存在而需付出更多的代价。因而，政府对于促进市场发育和建立市场公平竞争程序负有重大的责任。抑制过度垄断，保证适度竞争，增进社会福利，成为政府行为的重要组成部分。政府要发挥管制职责，充当公益人，对市场主体的竞争予以适当的引导、限制。政府干预行为主要表现为制定与实施反垄断法、反托拉斯法等维护市场正常交易秩序的法规。通过某些限制和规定保护市场机制和分配的实现；通过对一些个别垄断企业的规模、市场占有率的限制，打破垄断企业的壁垒，鼓励其他企业进入市场，保证正常的竞争；通过有效的价格管制等手段，把价格限制在平均水平，避免因过度竞争而造成企业间的恶意竞争和资源浪费；通过对劳动时间、劳动报酬的规定，保护劳动者的利益；通过限制竞争者的进入，提高市场准入条件，保护社会公共利益，维护消费者的合法利益。

（三）创造公平机制

市场经济需要公平竞争的市场机制，公正的社会环境。只有全面导入竞争机制，才能降低成本、提高效率，进而遏制价格的大幅上扬，确保公众利益的实现；只有在健康、有序的市场环境和公正的社会环境中，竞争者才有可能在尊重其他主体的前提下最大限度地发挥其功能。英国电力供应规制办公室总监斯蒂芬·利特尔蔡尔德教授在一份有关电信产业规制安排的报告中指出："竞争是保护消费者免受垄断权之害的……最为有效的方法。规制在本质上是防止垄断过度泛滥的一种方法，而不是竞争的替代品。"① 因此，创造一个良好、有序、安全的竞争环境和公正的社会环境成为政府的重要责任，"促进有效竞争"成为制定政府规制政策的一个主要目标。在"增进公众利益与促进有效竞争并举"作为新的规制目标的指引下，保持规制者的高度独立性，打破规制者与被规制者之间的直接利益联系，使政府规制的政策取向回归到以人民群众的利益为中心，可为市场主体提供平等的竞争环境，进一步促进社会资源优化配置，提高社会经济发展的质量。

（四）消除或减少负外部性

外部性的存在不可能完全依靠市场经济本身自发调节和纠正，不能通过市场机制自动削弱或消除，往往需要借助市场机制之外的力量予以矫正和弥补。市场机制不能解决外部影响问题，外部影响是独立于市场之外的客观存在，不能通过市场发挥作用。外部影响具有客观性，在一个资源稀缺的社会里是普遍存在的，不以人的意志为转移。在市场经济中如果不解决这一问题会严重影响资源的优化配置。经济外在效应意味着有些市场主体可以无偿地取得外部经济性，而有些当事人蒙受外部经济性造成的损失却得不到补偿。当然也就无法通过市场交换的途径加以纠正。通过意识形态信念和道德教育固然能够使之弱化，但作用毕竟有限。要解决这个问题，市场机制作用有限，政府规制就成为必要，外部性常被视为政府规制的必要条件。鼓励和保护有益的外部效应，预防和制止有害的外部效应。对有益的外部效应，如发明创造、植树造林等，

---

① ［英］卡罗尔·哈洛，理查德·罗林斯. 法律与行政［M］. 杨伟东，译. 北京：商务印书馆，2005：595.

政府通过各种奖励性政策来鼓励，并通过各种法规来保护。对于有害的外部效应，如环境污染等，除少数可以让市场调节外，大部分需要政府借助行政、财政、税收等手段来处理。外部性失灵表现在当某些市场主体的活动给社会或其他主体带来经济损失时，通过市场机制的自发作用来调节将难以达到有效配置资源的目的。只有通过国家政策或行政管制使外部效应内在化，才能最大限度地减轻经济发展和市场化过程的外在效应，保护自然资源和生态环境。

（五）避免内部性问题产生

内部性产生的根本原因是信息不完全，政府对内部性进行规制的主要目的是降低信息不完全的程度，提高信息传递效率。史普博（1999）认为在降低信息不完全的程度上，政府有两个政策取向。第一个政策取向是披露规制——提高市场传递信息的能力。政策行为有取消信息沟通方面的法定的、合同的或规制的限制；用于市场参与者之间信息沟通的词语的标准化（如标准化合约、标准化交易等）；强制的信息披露；政府直接生产并传播信息。第二个政策取向，是通过直接干预消费者和厂商或雇员与雇主之间的交易，使其放弃对披露与市场竞争的依赖。这种干预广泛包括确定质量、耐用性、安全性和其他特性，或规定生产技术和工作场所卫生与安全标准的规制行为。第一种政策取向是利用市场机制，通过社会性规制的立法与执法及行政手段（如行政审批制度、标准的制定等）改变交易者所处的外在环境，实现信息披露，它属于间接规制。第二种政策取向是政府利用强制权力，直接干预厂商和消费者或雇员与雇主的行为，使其行为具有稳定的预期，减轻信息不完全的程度。由于消费市场上的信息不对称和高昂的交易成本的存在，产权便不能完全清楚地界定而产生内部性问题。又因市场对一次性产权博弈的交易行为的内部性无能为力，因此，为弥补市场的不足，保护消费者权益，提高经济效率，要求政府运用其权威性和强制性对消费市场上的内部性进行社会性规制。政府规制的目的在于降低充分界定产权的成本，保证食品安全，提高食品质量，优化资源配置。由于内部性发生时，受害者与施害者之间的契约关系已经存在，并且通常是明确界定的。因此，对内部性的规制并不能采取税、费等经济性规制，通常将对产品质量、工作场所安全等的规制称为社会性规制。由于这些规制跨行业地发挥作用，它们几乎渗透到消费者和厂商采取的每一次购买和雇佣决策中，因此，合适和必要的社会性规制对于经济效率的提高具有很强的作用。

（六）提供公共产品

公共物品理论是支持政府规制的重要理论之一。在经济学理论中，公共物品是相对于私人物品来说的，是指在经济中不具有竞争性和排他性特点的商品。市场机制在公共物品领域是失效或低效的，其原因有公共物品具有共有性，不能为私人所有或独占；公共物品具有共享性，不能被私人所独享；公共物品具有规模性，投资巨大，一般私人无能为力，回报期长风险很高；公共物品具有外部性，无法阻止"搭便车"；公共物品不具价格性，不能按价格购买，价格机制难以起到作用；公共物品具有自然垄断性，竞争造成浪费，私人垄断又影响国民经济。从以上公共物品的特点可以看出，在公共物品领域需要政府对公共物品领域的公司进行规制或直接由政府经办公共物品。即此时，政府有可能直接参与市场竞争，以解决公共物品供应不足和自然垄断可能产生的影响。

在市场经济条件下，政府对公共物品领域进行规制是有利的。自治的公司可以较低的成本获得充足的公共物品及其他公共信息，大大增强自身的竞争力。同时，还可以避免私主体为追求其自身利益最大化而滥用自然垄断优势造成失常机制的障碍。这样通过政府规制就有效地解决了在公共物品领域的市场失灵。当然，需要指出的是，政府直接参与市场竞争时其地位与市场管理者不同，政府有效地参与竞争的前提是政府角色的明确划分。由于公共产品不具备消费的非竞争性和非排他性，依靠市场机制很难使公共产品的生产和供给达到最优。因此，政府必须通过国家预算开支，担负公共产品生产和供给的主要责任；同时，政府还要对基础产业和基础设施进行大量直接投资，在基础产业和基础设施建设中发挥重要作用。公共行政任务的目标具有公益性，公共产品的价格和服务水平与公众的自身利益直接相关，政府有义务、有责任提供平等的、百姓可及的、可支付的公共消费品。当然，政府作为公共服务的提供者，不必一定是直接生产者，公共服务的方式可以多种多样，也正是在这样一种行政理念的影响下，借鉴欧美等发达国家的经验做法，"民营化"治理工具进入我们的视野。但是，民营化有可为亦有不可为的领域，必须坚持有限民营化的原则。对于类似公共医疗这样的公共产品，国际普遍经验是不能用利润动机来激励医院，这是和企业最大的不同，应使政府真正回归政府职能，以政府为主导，提供较低收入阶层亦能承受的公共医疗服务；同时充分利用市场机制解决较高收入人群的需求——提供高端服务收益可以补贴公共医疗支出的不足，达到各取所需、和谐共赢的理想状态。

(七) 保持宏观经济平衡

在市场经济条件下, 政府主要是通过各种非行政手段对经济活动进行间接的宏观调控。这与传统的计划经济条件下的用直接的行政手段管理经济有根本不同。这就需要政府运用计划, 利用财政、货币、信贷、汇率、优惠、制裁等政策措施, 特别是采取"相机抉择"的宏观调节政策, 适时改变市场运行的变量和参数, 以减少经济波动的幅度和频率。同时通过制定发展战略、发展计划和产业政策, 对若干重要领域进行投资来引导生产力的合理布局, 优化产业结构, 保持宏观经济稳定与经济总量平衡。市场主体由于各自利益的限制, 在经济行为中不可避免地表现出短视行为和功利行为, 所以市场会产生宏观性失灵。政府主要通过经济手段、法律手段和必要的行政手段来调控经济总量, 以实现宏观的资源优化配置, 对于微观的资源配置, 则由市场机制来完成。但政府一般通过间接调控手段, 利用信息优势, 制定经济发展计划、产业政策以及相关的税收政策, 来引导资源流向、产业结构的优化和促进产业升级, 以配合经济总量的控制。

(八) 促进社会公平

社会公平分配失灵表现为在分配领域, 单纯依靠市场机制的自发作用不可能完全实现公正的收入分配。萨缪尔森指出: "价格机制的辩护者和批评者应当认识到, 有效率的市场制度可能产生极大的不平等。"[①] 斯蒂芬认为, 规制是指"政府为控制企业的价格、销售和生产决策而

---

① 萨缪尔森, 诺德豪斯. 经济学 (上) [M]. 萧琛, 蒋景媛, 译. 北京: 中国发展出版社, 1992.

采取的各种行动，政府公开宣布这些行动是要努力制止不充分重视'社会利益'的私人决策"①。尽管有的政府规制理论强调利益集团为寻求自身私利而影响政府规制的公共利益最大化目标取向，还有的政府规制理论试图建立包括利益集团、规制者和国会三者在内的"利益集团政治的委托——代理理论"以说明政府规制利益取向的多元性，但历史和现实表明，政府规制的基本取向还是公共利益最大化或社会福利最大化。而且，现代经济和社会文明的演进态势表明，政府规制的公共利益取向的影响越来越溢出经济界限，越来越多地在政治、社会和文化等各个非经济领域产生广泛、深远的影响。"市场失灵"的其他类型分别存在于风险和不确定性、税收扭曲造成需求者付出价格和供应者接受价格之间的差异以及收入分配公平等场合，这些情形都意味着"帕累托最优"选择不能实现。因此，特殊公共产品是政府规制的结果，需要以公共利益最大化或社会福利最大化为取向的政府规制；一般公共产品也是政府规制的结果，也需要依赖有效的政府规制，才能获得收入分配不公问题的解决，同时提供一种作为公共产品的社会公平。

（九）保证合理分配

政府是作为集政治统治、经济管理、社会服务于一身的复合组织，而且政府的政治统治职能必须依赖于社会经济管理职能的支持才能存在，并且政府经济管理职能内在地包含了政府在其自身发展过程中有必要对市场进行有效干预和协调。在市场经济中，公司是最基本的市场主

---

① 约翰·伊特维尔．新帕尔格雷夫经济学大辞典［M］．北京：经济科学出版社，1992：137．

体和最重要的经济力量，其地位举足轻重。公司经营活动的意义不仅仅是单纯的盈利活动，而是影响到社会生活的社会性活动，特别是对于大型的上市公司、跨国集团来说。面对日益强大的公司，为了维护社会公正，显然需要政府将公司的经营活动约束在有利于整个社会的范围内。从奋斗目标来看，我国社会主义市场经济要以实现共同富裕为根本原则。资本主义市场经济以私有制为基础，财产的私人占有必然导致私人资本的无限扩张和社会的两极分化。而我国实行市场经济，虽然允许合理的收入差距，鼓励一部分人先富起来，但最终是要达到共同富裕，不至于导致两极分化，富的越富，贫的越贫。这是因为：首先，公有制经济为主体会使私人资本的膨胀受到制度的限制，凭借私人资本参与分配会被限制在一定范围，避免私人资本的扩张。其次，经济技术的发展，劳动力市场的形成，劳动力的自由流动，有助于贯彻按劳分配原则，减少不同地区、不同企业之间的非劳动因素造成的个人收入差距。最后，政府为了确保市场经济的社会主义性质，会通过各种宏观调控手段，来防止和纠正收入差距的过分扩大，保证共同富裕目标的实现。改革开放40 多年来，经济持续增长，私人产品供给不能满足国民需求的矛盾已经从根本上缓解，并且不再成为一个突出的社会矛盾。但是，一个新的矛盾凸显出来，就是社会对公共产品的需求与公共产品的供给难以满足这种需求之间的矛盾。所以，在未来一个很长的历史时期内，政府在解决社会基本矛盾中的第一个层面问题时，要制定和完善适应现阶段经济社会发展要求的政策框架和制度安排。

（十）避免风险发生

在现实经济中，市场微观主体双方占有的信息是不对称的，由于信息不对称，占有信息优势的一方利用自己的信息优势，损害另一方的利益，出现"逆向选择"或者"道德风险"。致使市场机制运行的结果缺乏效率，政府规制可以在一些方面对此进行有益的补充，依靠强有力的国家机器保护经济主体的利益。在市场经济中，竞争的残酷很容易诱使一些人产生非法侵占他人权益的动机，导致经济违法犯罪行为的发生，扰乱社会经济秩序。对于这些危害，经济主体既缺乏保护自己的有效手段，又没有足够的力量来打击对方。政府通过制定法律、法规来预防经济违法犯罪行为的产生，严格查处经济违法犯罪行为，可以保护经济主体的利益，确保市场的有效运行。

第二节 政府规制的经济尺度：实用适度

市场机制和政府规制是两种维护经济运行秩序的手段，市场机制通过供与求两种力量相互作用自动地调节市场主体的行为，实现资源配置的最优化；政府规制通过政府有意识的制度安排规范市场主体的行为，实现资源配置的合理化。当然，政府规制涉及一个尺度的问题，也就是政府干预的最佳范围的问题。笔者认为，政府规制要以补充市场机制为原则，寻找市场失灵与政府干预的最佳结合点，根据现实存在确定政府规制的范围和界限，做到实用适度。

一、实用为主

政府规制是否完善合理，是否符合竞争规则，直接影响经济发展方向和市场竞争力。西蒙·库兹涅茨指出："经济增长需要一个稳定和灵活的政治和社会框架，既能够适应迅速的结构变化，解决由此产生的冲突，同时又能够鼓励社会中推动经济增长的一些群体。"① 我国处于从计划经济体制向市场经济过渡的转轨时期，市场体制还不完善，存在一些计划经济残留。因此，政府要改革过度的规制，以补充市场不足为原则，使规制具有合时性、合适性和合用性。

（一）合时性

经济发展是一个连续快速变化的过程，当一个阶段的问题得到解决之后，意味着另一个阶段新问题的出现。要保持经济稳定发展，最根本的一条是做到政府规制的适时而变。丹尼尔·史普博说："随着关注焦点的变化，新的规制会伴随着规制的松动而出现。"② 政府规制是一个动态完善的体系，经历着规制—放松规制—重新规制的螺旋上升的循环过程，而每一次规制变迁都意味着更加合理的制度出现。正是在这个意义上，马歇尔指出："对于所做的工作在细节上发生变化时能迅速适应、坚定而可靠，总是养精蓄锐以便应付紧急之事——这些是成为一个伟大的工业民族的特性。"③ 在经济体制转轨时期，政府规制的制定和实施，必须符合时代实际，归还企业本应的权利，促进行业的市场化。

（二）合适性

政府必须考虑规制的合适性，自觉发挥市场机制的作用和自觉维护

---

① ［美］西蒙·库兹涅茨. 现代的经济增长：发现和思考［M］//谢立中. 二十世纪西方现代化理论文选. 上海：上海三联书店，2002：447.

② ［美］丹尼尔·史普博. 管制与市场［M］. 余晖，等译. 上海：上海三联书店、上海人民出版社，1999：15－16.

③ ［英］马歇尔. 经济学原理（上）［M］. 北京：商务印书馆，1997：225.

微观市场主体的利益。詹姆斯·米德说："当人们虔诚地笃信自由放任可以解决一切问题时，又必须强调社会控制在什么情况下是必须的。"①我国现实一方面要求实施政府规制，另一方面又要求构建完善的市场竞争格局。

（三）合用性

目前的政府规制手段还没有做到以补充市场机制为原则，表现在市场准入条件太苛刻，行政机关直接插手市场主体事务等。以补充市场机制为原则要求充分尊重市场规律，尊重公司自治，规制手段以被动为主，以事后为主。因此，要改变那种以事前审批为主、以直接插手为主的手段，在适应市场经济变化的过程中不断实现政府规制的调整，促进市场经济的顺利发展和日趋完善。

二、适度为限

在经济全球化和信息化时代，市场变化更加复杂，产业竞争更加激烈，信息渠道更加分散，不确定性更加明显，创新风险日益加大。因此，政府规制显得尤为重要，但是，政府规制必须适度，既不能越位也不能缺位。阿瑟·刘易斯在谈到政府在经济发展中的作用时指出："政府的失败既可能是由于它们做得太少，也可能是由于它们做得太多。"②张宇燕提出"适宜制度"，他认为只有"适宜制度"，才有利于政府的

---

① ［英］詹姆斯·米德. 混合经济［M］. 上海：上海三联书店，1989：5.
② ［美］阿瑟·刘易斯. 经济增长理论［M］. 梁小民，译. 上海：上海三联书店，1990：475.

干预随着环境条件的变化而变化。① 政府要认识到在市场经济条件下，政府规制能力的有限性，改变政府有能力包管一切的观念，树立有限政府的理念，做到合法性、合理性和合度性。

（一）合法性

政府规制是行使具有权威性的公权力，政府要依法实施规制行为，对市场进行规制。政府规制的供给与否、供给多少和如何供给都必须通过法律来确定。

（二）合理性

市场、企业和政府是市场经济存在与发展的三个不可或缺的元素，既不能用理想的政府替代不完善的市场，也不能用理想的市场替代不完善的政府。合理性要求在市场和政府之间建立一种有效的选择和协调机制，努力寻找政府与市场的均衡点，掌握好政府规制的合理性。我国政府规制合理性的发展趋势应该是以规制为主的公共政策的作用范围不断缩小，必要的禁止性、准入性、认证性政府规制不断放松和增加弹性；以引导为主的公共政策不断完善，并逐步替代以规制为主的公共政策。

（三）合度性

政府规制的以保障为目标的特性，决定了政府规制的范围。政府规制如何才算合度，很难找出一种衡量尺度，许多人认为它是一种"中间状态"，用美国学者巴林顿·摩尔的话说是"可变通的制度"②，它

---

① 张宇燕. 经济发展与制度选择——对制度的经济分析［M］. 北京：中国人民大学出版社，1993.

② ［美］巴林顿·摩尔. 民主和专制的社会起源［M］. 拓夫，译. 北京：华夏出版社，1987：21.

可以视具体情况的变化向两极做及时的调整。一般来说，合度性至少应当包括如下三个方面：一是规制规模适当；二是规制协调适宜；三是规制把握适度。

第三节 政府规制的经济目标：高效低险

政府规制的经济目标是政府通过规制，为被规制主体发展提供平台，能够更好地实现自身利益，解决公共问题，实现经济增长，增加社会财富，改善社会福利，最终实现效益最大化和风险最低化。

一、效益最大化

经济规制的价值在于促进经济自由，增强竞争力，提高工作效率，创造最大效益，实现经济效益与社会效益相统一、短期效益与长期效益相统一、直接效益与间接效益相统一。

（一）追求生产效率和资源配置最优化

效率与公正既相统一又是一对矛盾，追求效率与公正是政府规制的基本动因。只有通过政府规制，才能减少社会资源的浪费，实现生产效率和资源配置的最优化；才能实现配置效率和生产效率的统一。政府要对市场准入实施规制，只能允许特定的市场主体从事生产以保证实现社会成本最优和生产效率；政府也要对价格进行规制，以防止垄断企业利用其垄断地位谋取高额利润并损害消费者的利益，从而实现资源配置效率，同时也使消费者能得到由规模经济性和范围经济性带来的低成本好处；政府还要对质量和服务进行规制，维护社会公正，为民众提供普遍服务，使企业服务于社会。

（二）做到垄断产业和竞争产业的政府规制并重

政府规制作为一种政府工具，发达国家政府规制的重点是垄断产业。但是，我国竞争领域的问题比垄断领域多，因此，规制的范围不能仅仅限于自然垄断产业，而是要求垄断产业和竞争产业并重，将垄断产业和竞争产业的市场准入、市场运营和市场退出等一并纳入制度设计。实现投资与竞争主体的多元化，形成所有者与经营者、激励与监督有效结合的治理机制。

（三）实现个体利益与公共利益的统一

利益具有个人性和社会性的双重特性，个体利益与公共利益既具有同一性，又具有对立性。在我国，个体利益与公共利益从本质上来说是一致的，但是，不具有对抗性的矛盾仍然存在。因此，要通过政府规制，协调个体利益与公共利益的关系，化解个体利益与公共利益的矛盾。

二、风险最低化

微观市场主体在追求生存发展中往往存在着市场风险、自然风险、技术风险、决策风险和信用风险等。政府规制的一个重要经济目标是通过规制，建立预防风险的约束机制，追求零风险，实现降低风险、减少风险、规避风险。

（一）提高政府驾驭能力

政府监管乏力，就会出现公平性问题、行政腐败问题、公共责任空白和公众权益受损时保障和救济渠道不畅等问题。政府对于垄断性业务的规制主要集中于准入规制和价格规制方面，监管政策的制定侧重于对政府和公共服务提供者关系的调整和处理。因此，政府在制定规制政策时，要区分自然垄断性业务与非自然垄断性业务，对同一产业的不同性质的业务区别对待，这样才能有利于实现有效竞争。

（二）健全经济法律法规

健全与市场经济相适应的法律法规，使政府依法对自然垄断行业进行规制。从经济法学理论来看，包括政府规制在内的法律制度与法律规范都是以有效利用资源、最大限度地增加社会财富为目的的，其宗旨是以法律手段促进资源的最佳配置，实现帕累托最优。但是，在实践中由规制而产生的相关成本往往过于高昂。我国目前处于经济与社会的转型期，一方面需要强化与市场经济相适应的政府规制；另一方面要解决计划经济时期政府对经济过度干预的遗留问题。

（三）强化产业政策导向

通过产业结构政策、产业组织政策、产业技术政策和产业布局政策等产业政策引导，谋求最优经济效益；制定优先发展重点产业、扶持幼稚产业、限制过剩产业，以及纠正市场失灵、弥补市场缺陷的政策。因此，我国产业政策要在以下几个方面发挥引导作用。一是要优化产业结构，重点发展基础工业和战略产业，尤其要高度重视装备制造业的发展。二是要推进企业结构调整，培育和发展一批在国内市场中占有较大份额，在国际市场上具有较强竞争力的大型企业集团。三是要建立以企业为主体的国家创新体系，全面提升我国产业技术水平和创新能力。四是要加强各类标准建设，提高国家标准、行业标准和企业标准的等级，完善我国的标准体系。

第四节　政府规制的经济要求：监管市场

市场经济条件下，世界各国政府采取一系列的政策措施来干预和调节市场机制的运作，以弥补市场的功能缺陷。政府对经济干预既要加强，又要避免产生非市场缺陷。因此，要求政府要适应市场的有效运行，以市场和社会的需要，寻找政府与市场的新平衡，调节经济，监管市场。

一、摒弃干预习惯

我国从计划经济体制向市场经济体制转轨，先后经历了从"计划经济为主，市场经济为辅""计划经济与市场经济相结合""有计划的市场经济"到"社会主义市场经济"的渐进性探索，逐步实现市场经济的资源配置作用。但是，一些地方政府部门尚未从计划经济体制中行政干预的管理方式中摆脱出来。在这种状况下实施政府规制，可能更多地沿用行政干预的方式管理市场运行，表现在现实经济运行过程中，就是"审批经济""管制经济"依然存在，一些应该由市场调节的领域依然由政府包办；存在直接参与或干预微观经济的政府部门，随意设置行政审批事项，形成"权力部门化，部门利益化，利益制度化"的现象。要形成以市场为主导的政府与市场合理分工的市场经济，需要在客观评价政府重要作用的基础上，优化设计政府与市场的分工体系，合理界定政府作用的范围。

二、避免规制泛化

市场经济的健康发展离不开政府，离不开政府规制。但是，当政府规制一旦确立并实施，往往又具有扩张的趋势。随着社会的发展，公众对政府的需求不断扩大，政府的规模及其权限极度扩张，各种各样的政府法规、项目和机构会越来越多。政府不是万能的，政府只有在能力范围之内，才能有所作为，一旦超出了能力边界，也免不了失灵。政府失灵，必定在一定程度上限制提高经济管理效率的作用。因此，政府职能与政府能力必须一致。追溯经济自由主义思潮下的各经济学流派，尽管他们反对政府干预经济，但也承认政府作为"守夜人"，有责任"设立一个严正的司法行政机构""建立并维持便利社会商业、促进人民教育的公共设施和工程"①。因为"有些服务是自发秩序无法提供或无法充分提供的，因此，让政府来支配一部分范围明确的资源，使其可以向一般公民提供这些服务，是一种可取的做法"②。由此可见，市场规制与政府规制之间并不存在一种对立的或者相互替代的关系。"问题在于一种比例问题，在于将指令性因素降至最小，而且，在引入指令性因素的地方，在于在现实人们所追求的生产效率目标以外的其他目标的同时，

---

① ［英］亚当·斯密. 国民财富的性质和原因的研究（下卷）［M］. 郭大力，王亚南，译. 北京：商务印书馆，1974.
② ［英］哈耶克. 自由社会的秩序原理［M］. 冯克利，译. 南京：江苏人民出版社，2000.

以一种尽可能小地妨害市场运行的方式来实现这种指令性因素最小化。"① 所以，社会经济发展是政府与市场互动协调共同作用的结果，要努力使市场规制和政府规制之间形成一种扬长避短、相互补充的协调发展关系。

三、有效监管市场

政府的作用在于规制市场行为，监督市场规则执行，惩戒市场违规者。一方面，在我国经济活动中的市场竞争主导机制尚未完善的前提下，市场的基础条件、必要条件和限制条件内在地决定市场行为只有寻求政府解决；另一方面，市场竞争格局的非完善性所导致的政府规制边界模糊，致使规制权力作为一种资源势必会引起不同政府部门对其争夺，当不同政府部门对同一市场领域或同一市场主体进行规制时，则必然导致市场行为和市场主体行为的扭曲，这也需要政府解决。因此，政府应当从市场的微观事务中解放出来，不必去监督微观市场主体的微观效率，微观不平衡问题由价格机制来解决，微观效率问题由自动的利益机制来解决，否则，政府将无法有效地监管市场。

第五节　政府规制的经济约束：方式多元

政府规制作为政府管理市场经济的主要职能之一，经济性规制一般

---

① ［美］米尔顿·弗里德曼. 弗里德曼文萃［M］. 高榕，范恒山，译. 北京：北京经济学院出版社，1991.

以准入退出、政府限价和经济立法等方式干预市场行为，作用于某一产业、某一行业或某一市场活动。政府需要根据不同发展阶段的目标，根据不断变化的技术和需求情况，运用不同的规制手段，采用不同的规制路径，适时进行动态调整。转型时期，这些功能之间的冲突逐渐显露出来，政府借助行政垄断权来保护其他方面的利益，就出现了各种各样的规制。中国现行的政府规制内容相当广泛。在垄断方面，主要针对传统自然垄断领域。内容涉及公用事业中的电力、城市供水、城市燃气、公共汽车与地铁，通信工程系统的邮政、电信、有线电视，交通运输中的公路运输、铁路运输、管道运输、航空运输、水路运输。根据取代市场机制、影响企业决策及增加受规制产业成本的程度不同，规制者可支配的基本措施也常常发生变化。综合市场经济国家的历史经验来看，规制形式一般分为直接干预市场配置机制的规制和间接影响市场均衡的规制，具体分为进入规制、退出规制、数量规制、质量规制、价格规制、融资规制。

一、进入规制

进入规制是指在自然垄断产业中，政府允许特定一家企业或极少数几家公司加入，或者从防止过度竞争的立场出发，视整个产业的供求平衡情况来限制新企业的加入。进入规制是经济规制的一种重要形式，主要形式有国家垄断、申报制、审批、特别许可、特别注册制度、营业执照标准设立。它能有效地避免无序竞争和资源浪费，是保障国内产业安全的重要屏障。进入规制主要有两种形式：一种是一般的产业进入规制，政府对所有企业实行注册登记制度，目的是将企业纳入依法经营、接受政府监管的范围；另一种是特殊的产业进入规制，政府对某些自然垄断行业实行特许经营制度，目的是控制进入自然垄断行业的企业数量，防止过度竞争。因此，政府应该消除进入壁垒，适当放松进入规制，为新进入企业提供扶持政策和良好市场环境；应当制定具体的准入规定，并配套相关的投资政策、财政政策、货币政策、技术政策、贸易政策、生态环境标准、产品质量认证体系等；必须保持最低的市场准入标准和最少的市场准入限制；必须充分地运用备案制、注册登记制等方式，减少行政审批项目，规范行政审批行为。

二、退出规制

退出规制主要针对自然垄断行业，采取使获准进入的企业以负供给责任的形式限制其退出，以保证这些行业的商品和服务的有效供给。我国垄断性行业打破垄断引入竞争机制，目的是对市场结构进行调整，引导企业进入退出过程向着资源优化配置和社会福利最大化方向转变。退出规制要发挥两方面的意义：一是对垄断性行业提高退出壁垒，使企业进入时必须考虑风险成本，退出壁垒越高企业进入时的风险成本越高，可以成为阻止企业进入的重要工具，形成规避过度竞争或重复建设的机制；二是对非垄断性行业降低退出壁垒，使企业从原来的业务领域中撤出来，放弃生产或提供某一特定市场上的产品或服务，可以成为市场结构的重要调整工具。

三、数量规制

数量规制是指在自然垄断产业中，政府为了防止因投资过多或过少和产出过多或过少而造成价格波动、资源浪费或有效供给不足而采取的规制。数量规制的手段主要有投资规制和产量规制。投资规制是政府对有关产业中企业的投资规模进行直接规制，投资规制的主要规制手段包括建立特定产业重大投资计划审批制度；规定有关产业投资的数量限额；实行投资计划配额制度。产量规制是政府对有关产业的产品产量和所提供的服务量进行直接规制，产量规制的主要手段有政府建立有关产业的产量指导计划，以便有效控制特定产业的产出量。数量规制政策可以迅速制止转轨体制扭曲下企业产能投资的过度膨胀，维护宏观经济稳定和产业健康发展。但是，数量规制本身存在缺陷，可能会导致一些不良的政策效应。因此，数量规制要以规制手段实现市场均衡，使高效率企业的进一步扩张受到抑制，使低效率企业在激烈的市场竞争中获得生存空间。

四、质量规制

产品质量规制既是保护消费者利益，也是维护市场秩序的规制手段。质量规制是政府对进入市场的产品质量严格把关，对于不符合标准的产品严禁其进入市场销售。在质量方面，政府的规制措施主要是提供信息和制定标准。在这方面政府实际上还存在不到位的问题，只是对涉及生命安全和健康、稀缺资源有效利用、防止公害、保护农业和消费者利益等领域设立认证审查和检验制度。因此，一要适当借鉴国外采用的"食品企业 GMP 规范"和"HACCP 控制体系"，修改完善产品和服务质量标准体系与认证审查检验制度，补充完善《产品质量法》；二要加强规制力度，加大责任追究，加重依法处罚。

五、价格规制

价格规制主要指在受规制产业中，政府从资源有效配置和服务的公平供给出发，对产业价格体系和价格水平进行的规制。价格从来就是引导资源配置的主要因素，在各国政府规制的具体实践中，价格规制通常占有极为重要的地位，是政府规制措施中最重要的一环，方式主要有法定价格、地方政府定价、行业指导、标准等。目前主要有两种具有代表性的规制标准，即以美国为代表的成本加成的收益率规制模式和以英国为代表的最高限价规制模式。目前我国相关的法律、法规、规章的条文，所采取的是成本加成模式。尽管这一模式具有维持充分投资率水平的优点，但在信息严重不对称的情况下，成本加成模式难以产生良好的规制效果。"这种价格规制方法的缺陷在于它实际上鼓励了没有必要的过度投资，而且就像成本附加的采购方式一样，经营者没有降低成本和提高效率的动力。"① 英国的最高限价规制模式能够激励运营者降低成本、提高效率，进而取得更多的收益，被描述为"英国垄断规制的最

---

① ［美］E. S. 萨瓦斯. 民营化与公私部门的伙伴关系 ［M］. 周志忍，译. 北京：中国人民大学出版社，2002：124.

突出特征"①。我国改革开放以来，价格改革不仅贯穿始终，而且发挥了关键作用。在改革初期，邓小平同志一再强调"理顺价格，改革才能加快步伐""价格没有理顺，就谈不上经济改革的真正成功"。目前，国内绝大多数价格已经形成了市场化机制，只有成品油、天然气、电力等少数商品价格还未理顺。可以说，"价格机制 + 理性干预"是中国经济最值得总结的成功经验，同时也是当前所面临问题的根源。因此，在我国价格规制中，应当逐步引入这一更具激励性的价格规制模式，使价格的形成更具科学性、灵活性。

六、融资规制

融资规制主要为微观市场主体融资提供一个良好的法律环境，以循序渐进的方式推进微观市场主体融资体系的逐步建立和完善。我国政府应尽快制定扶持微观市场主体发展的优惠政策，采取加大政策性融资、扩大直接融资和支持间接融资等举措，积极推进微观市场主体贷款担保机构建设，采取政府为主、多元募集的方式筹集担保资金，通过提高担保效率、降低反担保要求和担保费用等方式为微观市场主体提供优良服务。一要鼓励企业发展内源性融资，积极创造条件为企业内外部融资提供更多的路径选择；二要建立健全有关监测制度，及时把握和适度调节社会资金的投向、流量；三要支持企业多渠道、多方式融资，从政策上给予支持，建立与企业融资配套的银行体系，为企业融资做出金融制度安排。

---

① ［英］卡罗尔·哈洛，理查德·罗林斯. 法律与行政［M］. 杨伟东，译. 北京：商
  务印书馆，2005：605.

第六节　政府规制的经济底线：维护市场

市场和政府是市场经济中不可或缺的力量。离开了市场，政府将难以保持有效率的运转；离开了政府，市场的制度前提将无法建立。市场经济建设正是不断改进、完善市场和政府的制度，使其在相应的层次和领域以各自独有的手段和方式协同作用，相得益彰。在市场经济条件下，政府的干预和介入，通过规制确保市场机制的有效调节，维护市场的公正有序。

一、尊重市场机制

政府规制的前提是尊重市场机制的基础性地位，政府规制作用于经济生活领域，必须以不损害市场运行的基本规则为前提，使干预建立在市场机制功能充分作用的基础之上。在市场经济条件下，政府的正当角色是制定和完善平等对待每个微观市场主体的规则，充当一个公正的裁判员，其作用不是取代市场机制，而是不断地维护和增进市场的有序性。政府在解决市场所产生的问题时，必须尊重经济规律，应当尽量运用市场机制而不是行政机制去调控市场，政府的主要职能是提高收集信息、处理信息的能力，针对当前经济发展中存在的问题，制定相应的措施，为微观市场主体自由和市场竞争提供充分的制度保障。

二、提供制度基础

市场完善和经济发展并不是市场本身可以实现的，市场机制的正常运转需要一系列的规则和制度。世界银行在 1996 年世界发展报告中说："在较长的时期内，明晰的产权、健全的法律与金融制度以及有效的政府，对促进市场的有效运行和经济增长都是必不可少的。"[1] 经济学家霍奇逊说："一个市场必定渗透着国家的规章条例和干预，市场通过一张'制度网'发挥资源配置作用，这些制度不可避免地与国家和政府纠缠在一起。"[2]政府建立法律基础和制度基础被看作政府的基本职责，政府为市场提供的基础制度性服务是市场发育的基本动力之一。毛寿龙认为，政府在规制市场、为市场发育提供制度性基础方面的努力是至关重要、不可或缺的。健全的市场体系需要政府为市场发育提供经济自由、个人权利保护、政治条件和法律条件。所以，制度的设置和政府的干预便成为解决这一矛盾的有效方法。

三、消除市场阻力

我国作为经济转型的发展中国家，计划体制下的既得利益者和经济转型过程中新生成的既得利益者，常常利用手中的特权封锁和割裂市场，保护自身利益或地方利益，造成市场竞争环境恶劣，需要政府采取有效的政策措施，消除地方割据壁垒，依法消除阻碍市场机制作用的阻力，促进统一市场的形成。特别是我国加入世界贸易组织之后，对中国市场机制提出更高要求，对市场的开放程度提出更高要求。政府规制要

---

[1] 世界银行. 1996 年世界发展报告：从计划到市场［M］. 北京：中国财政经济出版社，1996：22.

[2] ［英］G. M. 霍奇逊. 现代制度主义经济学宣言［M］. 向以斌，译. 北京：北京大学出版社，1993：298－302.

顺应国际规则的严格要求，主动适应现代市场经济发展的要求，充分发挥健全法制、建立有效的监管和实施机制、提供公共产品和公共服务等一般规制职能，在培育市场、提供信息咨询、帮助解决国际贸易争端等方面，为国内微观市场主体创造良好的市场竞争环境。

四、培育统一市场

在现代化、工业化背景下，经济的发展要求一个更加强大、更加健康的市场。我国市场经济的发展正处于从计划体制向市场体制转型的过渡阶段，市场发育还不充分，主要表现为市场主体发育不良、市场体系不健全、价格和竞争机制不完善和市场秩序混乱等。如果完全依靠市场力量自然发育，形成统一开放、竞争有序的市场格局，不仅要付出长久的时间代价，还要承受市场发育初期带来的经济震荡与混乱。因此，政府要通过市场自然发育与政府培育和规范市场的有机结合，形成各种商品和生产要素在全国甚至全球自由流动的统一开放、竞争有序的市场体系。要健全市场制度和市场体系，一方面，政府要构建适合市场经济运行的制度框架，通过相关的法律法规和政策手段，制定有利于市场经济发展的行政性立法，依法规范各级政府管理权限、职责范围，将属于市场有效调节的领域交还给市场；另一方面，政府要按照市场经济的原则，完善消费品和生产资料等商品市场，积极培育和发展资本、产权、土地、技术、劳务等要素市场，创造各类市场主体平等使用生产要素和生活要素的市场环境。

第四章

政府规制的行政性维度

行政性规制是政府采用行政命令、行政规定、行政指示，按照行政系统、行政层次、行政区划来管理社会，满足社会对它提出的功能需求。政府的行政性规制不管是实践还是理论，都必须具有一定的科学维度，具体表现为多规合一的行政基础、合法有限的行政尺度、保障公平的行政目标、命令处罚的行政约束和有效激励的行政底线。

第一节　政府规制的行政基础：多规合一

政府规制一般由规制的立法性机构、规制实施的行政机构和被规制对象三个相互独立、相互监督的行为主体组成。政府规制如何实施以及实施程度如何，取决于健全的法律政策体系、统一的规制标准和高效的独立规制机构。我国目前这三类主体还没有真正形成，法律政策体系不够健全，规制标准没有统一，独立的规制机构尚未建立，规制权力分散交叉于各级政府和政府各部门。

一、政府规制机构设置的多样性

从世界范围来看，政府规制机构的设置主要有三种模式。一是以美国为代表的综合性规制机构模式，也就是美国联邦和各州的独立规制委员会。它们可以制定发布公用事业公司必须遵守的规章和政策，对公用事业的价格、竞争、财务状况等进行监管，可以举行具有司法性质的听证会，做出具有约束力的行政裁决。二是以英国为代表的行业性规制机构模式，也就是每一产业均有一个单一的独立的规制机构，以总监为其首脑。除了各产业建立的规制办公室以外，英国还有"垄断与兼并委员会"和"公平交易办公室"两个对所有产业都拥有规制权力的综合规制机构。三是以法国为代表的不设立专门规制机构的模式，由市长与企业签订一个合约，授权特许经营。从西方国家政府规制的实践来看，英美国家的综合性规制机构、行业性规制机构都具有独立性、专业性、公正性和权威性的特点，机构独立、权力自主与对规制机构本身的监督和管理是构成这种规制模式的基石。

二、政府规制机构的独立性

政府规制机构的独立性是当代西方国家政府规制领域最重要的变革和新发展，是政府针对某一行业或问题而专门设立一个独立的机构来进行规制的一种政府规制管理方式，它要求规制机构既要独立于政府，也要独立于各种利益主体。独立性规制机构的建立，满足了规制机构对权力自主性和效力性的要求，使规制机构在规制过程具备了相当的灵活性和自主性。规制机构的独立性要求地位的法定性、机构的专门性和权力的相应性。一是地位的法定性。地位的法定性是规制机构真正能够做到独立的前提，通过立法直接设置专门的规制实施机构，确定独立的法律地位及其职责和权力，可以最大限度地避免政府出于政治目的而任意对规制机构的活动施加影响，也可以避免规制者被"俘获"，为规制对象的合法权益提供制度上的保障，从源头上遏制公共权力寻租和腐败的机会主义倾向。二是机构的专门性。规制机构的专门性是指对特定的行业或者突出的问题设立一个专门的规制机构进行管理。要求既与被规制企业、消费者等利益相关者保持一定的距离，又与政府行政部门保持一定的距离。规制机构独立于其他政府部门，切断规制机构与被规制企业之间的利益关系，把政企合一的体制转变为政企分离的政府规制体制，做到政府和规制机构之间的职责分离，建立公平竞争的市场环境。三是权力的相应性。权力的相应性是在保证规制机构的组织和运行机制具备了相当的独立性和专门性的同时，赋予相应程度的决策与管理的权力。规制机构所拥有的权力明显超过传统的规制管理模式中规制机构所拥有的权限。对于规制机构应当享有多大的权力，大多数西方国家一般采取关键性的政策和原则由法律规定，同时赋予规制机构一定的决策权。

三、政府规制标准的统一性

规制标准是政府规制行为合法性、高效性和权威性的重要保证，规制标准的不完善或者缺失都将影响政府的规制行为。关于政府规制标准的统一性目前存在三种观点：一是建立统一规制标准，认为统一标准有利于规范规制，增进规制效率；二是分散规制标准，认为分散标准既体现规制政策的差异性，又为规制创新提供空间和机会；三是折中的观点，认为若从经济效率视角来看，实际上并不存在一种简单的方法可以决定什么辖区什么行业最适合进行规制。我国政府规制标准不一，有些由法律规定，有些由行政规章和地方性法规以及地方性政府规章规定，缺少强制性和权威性，规制效力较低。因此，完善政府规制标准，提高政府规制效力，一方面可以节约规制成本，另一方面可以避免产生外部性。

四、我国多规合一的理性选择

我国政府规制的供给比较分散，各级政府几乎都有规制供给的权力，规制机构没有明确独立的法律地位，行政管理机关按照各自的职能共同执法，职能交叉，职权不明，责任分散，标准不一。党的十七大提出"着力转变职能、理顺关系、优化结构、提高效能，形成权责一致、分工合理、决策科学、执行顺畅、监督有力的行政管理体制"。因此，多规合一是我国政府行政性规制的理性选择。从我国政府规制的实践来看，基本上都是依托于具体的职能部门，仅有些地方和领域初步建立了具有专门性质的规制机构。比如，《新疆维吾尔自治区市政公用事业特许经营条例》规定的"特许经营监督委员会"和《深圳市公用事业特许经营条例》规定的"公用事业公众监督委员会"等，可以说是以地方性法规规定了类似的"独立"规制机构。从其权力配置来看，它们更像是专门的顾问、咨询性机构。因此，我国最好借鉴一些国家的有益做法，将独立性政府规制模式与传统的职能综合的政府管理模式的优点结合起来，构建独立的规制机构，制定统一的规制标准，集中独立行使规制权力。

（一）多规合一的有效性

政府规制机构的组织结构多变，多部门共同进行行政规制，缺乏协调、多元的规制政策，不能形成有效的合力，规制政策效应弱化。政府规制组织内的体制存在政出多门、权责和专业分工不明确等问题，多元化行政规制主体难以有效地对政府规制客体进行规制。多规合一可以实现规制机构与决策机构、经营者的彻底分离，确保政府规制主体的相对独立性和权威性。

（二）多规合一的有力性

我国目前监管体制错综复杂，职责权限较模糊，多头监管、分散监管、监管部门与决策部门、运营部门不分的现象较突出，导致重复规制和规制不力。行政规制法律制度不健全，无法对经济规制和社会规制机构进行有效监督和问责，经济规制和社会规制部门自由裁量权大而效率低下。行政规制主体缺乏相对独立性和权威性，必然难以开展有效的行政规制。要通过精细的分工与协作，改变监管分散、监管不力的局面。要集中监管，防止部门利益和局部利益对规制立法、规制供给过程的影响和操纵，以保证规制机构真正成为企业和消费者博弈的公正仲裁者。要明确规制机构职权，有利于对规制机构进行有效监督和问责，避免规制缺位、错位、越位和相互推诿责任与重复规制等。

（三）多规合一的有利性

如果规制机构纵向的行政科层越多，那么规制成本就会越大，规制效率就越低，甚至容易导致规制缺位、错位和越位。因为把对特定对象的规制职权分散于多个规制机构，就会缺乏一个统一的、具有权威性的机构实行统一规制；同时，规制机构之间存在着较严重的职能交叉现象，这又必然会引起各规制机构职权不明，相互推诿责任和重复规制。建立统一的政府规制机构，可以精简规制机构，降低规制成本，提高规制效率。

第二节　政府规制的行政尺度：合法有限

市场失灵为政府干预提供了依据，政府失灵则为政府不干预提供了理由。既然市场与政府都可能出现失灵，它潜在要求政府不仅是有限的，而且还应该是有效的，这就需要政府与市场形成一种动态平衡，需要通过适当的规制实现真正的有效性。西摩·马丁·利普塞特指出，现代政治功能的稳定性主要体现于政治行为的合法性和政治权力的有效性。合法性是政治的评价系统，有效性是政治的工具和能力系统。政治的功能首先体现在它的合法性，有效性影响和决定着政治的合法性。从我国的实际情况来说，市场失灵需要政府干预来解决。市场经济建设中的政府规制就是要通过修订、完善宪法制度，规范政府的权力，使政府的权力运作限定在法律的框架内，与经济保持合适的距离，有效地促进市场经济的发展。政府干预必须做到有据性、有限性和有效性。

一、有据性

社会发展要求政府依法行政，改善政府管理，提高政府效能。政府作为社会公共事务的代理人，履行代理职责，一切行为都应当是在法律允许的范围之内。宪法是国家根本大法，它规定国家的政治体制构架，规制政府的权力。一个稳定而有活力的宪法秩序能给社会的政治经济引入一种文明的意识，使普遍的宪法规则控制政府的决定，政府具体的行为也通过相应的政治程序来解决。市场经济建设中的政府规制需要通过修订、完善宪法制度，规范政府的权力，使政府的权力运作限定在法律的框架内，与经济保持合适的距离，有效地促进市场经济的发展。因此，必须加强政府规制的法治化，减少权力行使的随意性，提高权力行使的透明度。要以宪法为依据，完善规制法规体系，建立法定的政府规制机构，在法律中明确规制机构的职责并授予相应的法定权力，统一规制标准，保证规制的权威性和有效性。

二、有限性

传统的政治型社会，人们养成了对政府过分依赖的习惯。一切靠组织，一切靠政府，已经成为人们普遍的思维习惯和生活习惯。从宏观到微观，从物质到精神，政府成了无所不包、无所不管、无所不能的化身。政府的公共权力囊括了一切社会权力，社会完全行政化，企业、学校、医院、科研、新闻出版等都是政府部门的附属单位，权力的"全能性"取代了"公共性"。社会转型必然伴随着权力模式的转型，这就是从全能性权力向公共性权力的转变。一个公共性的政治权力的确立，就是全能权力的退位。美国开国元勋之一汉密尔顿在《联邦党人文集》中写道："在组织一个人统治人的政府时，最大困难在于必须使政府能管理被统治者，然后再使政府管理自身。"要使政府能够管理被统治者，必然要赋予政府权力，但如果不对政府权力加以限制，那么由于权力的天然扩张性，自然无限膨胀，而发展成无限政府、全能政府，从而带来政府公共权力的危机和社会发展的困境。政府作为公共事物的管理者，信息同样是不完备的，由于信息不完备而引起的决策行为的不确定性就将不可避免，政府既然并没有纯粹理性，就不能赋予其绝对的权力。政府干预易引发政府规模的膨胀。政府要承担对市场经济活动的干预职能，包括组织公共产品的供给、维持社会经济秩序等，自然需要履行这一职能的相应机构和人员。柏林大学教授阿道夫·瓦格纳早在19世纪就提出政府就其本性而言，有一种天然的扩张倾向，特别是其干预社会经济活动的公共部门在数量上和重要性上都具有一种内在的扩大趋势。它被西方经济学界称为"公共活动递增的瓦格纳定律"。政府的这种内在扩张性与社会对公共产品日益增长的需求更相契合，极易导致政府干预职能扩展和强化及其机构和人员的增长，由此而造成越来越大的预算规模和财政赤字，成为政府干预的昂贵成本。也就是说，政府的权力应有一个"度"。那么，这个"度"究竟是什么呢？简单地讲，就是实现社会公共利益分配的公正性和效率的最大化。限定权力，可以降低规制成本和提高规制效益，使政府能管理好自身，真正为社会公益服务。

三、有效性

一个好的政府应该是负责提供公共产品，担任社会"裁判者"和

"守夜人"的角色。政府不能成为经济活动中的普通竞争者，也不能随意进入被规制主体的私人领域。政府权力具有法定的边界，不能以公共利益的名义随意侵犯被规制主体的合法权益。同时，政府不能超出自身能力的范围干预市场，政府不能做那些管不了也管不好的事。萨缪尔森指出："在包罗万象的政府职能中，政府对于市场经济主要存在三项职能。它们是提高效率、增进平等以及促进宏观经济的稳定与增长。"①通过有限的公共权力催生一个有效的公共权力，这是执政党执政能力建设的基础和关键点。与全能政府的权力相比，公共权力主要限制并收缩了政府权力的领域，把政府权力限定在政治社会的公共产品、公共服务和公共安全的供给以及公共利益和公共保障的实现，防止政府对市场经济和市民社会的无端侵扰，呵护转型社会的市场机制和市民社会的成长。社会处于转型期，旧体制逐渐淡出，新体制尚未健全，社会出现体制的真空地带，各种利益主体在一个不完备的制度下角逐，社会失范现象严重，使某些市场主体付出高昂的代价。通过政府公共权力的法制规范和公共权力的依法供给，通过有效的政府公共权力的推动和有效的制度化安排，为整个社会的经济生活、政治生活等各方面提供制度规范，使以利益为导向的市场通过自我调节完成配置成本的降低，使社会转型因有效的制度化安排而减少社会的动荡，使社会各方利益主体尽快成熟起来。正如塞缪尔·亨廷顿指出的，在转型社会政治系统和政治权力的有效性起着更为重要的作用。当代中国社会处于转型时期，公共权力从

---

① ［美］保罗·萨缪尔森，威廉·诺德豪斯. 经济学：第十六版［M］. 萧琛，蒋景媛，译. 北京：华夏出版社，1999：29.

全能性向有限性的路径走向合理性，没有一个有效的政府对被现代化动员起来的政治力量进行吸纳与整合，公共权力的新的合法性就不可能建立起来。有效性的政府公共权力的确立，是转型社会公共权力的责任定位。要改革政企合一的体制，打破规制者与被规制企业之间的直接利益联系，使规制机构能够超然地行使规制职能，从而充分发挥规制的效能。

第三节　政府规制的行政目标：保障公平

公平是社会各种利益关系得到妥善协调，社会各种矛盾得到正确处理，为每个被规制主体提供公平的机制、公平的环境、公平的条件和公平的发展机会。政府的基本职能在于对全社会的公共利益进行权威性的分配，作为规制政策的提供者，政府必须保证规制政策及其实施的公正性，不能将其中一部分微观主体排除在规制者范围之外。在转型国家中，比较普遍的问题是社会发展中的两极分化问题，市场主体的无限追求往往产生市场本身不能解决的问题即两极分化。这往往是一个效率与公平兼顾的问题，战后许多发展迅速的国家发展到一定阶段便会出现社会动荡，其主要原因就是没有重视社会的公平问题，而是更多地注重效率，引起市场购买力不足，造成效率阻碍，影响社会可持续发展。因此，必须保障公平，否则就没有真正持续的效率。

一、保障机会公平

我国正处于深刻的社会变革时期，法律法规还不够健全，无论是程序正义还是实质正义都与法治要求存在一定的差距，社会漏洞的存在使得许多社会阶层对利益缺乏稳定的预期，投机性的增加淹没了对长期稳定的利益的诉求。政府规制必须由政府代表公众来制定并实施。政府规制是公共物品，政府规制供给与否不能通过市场来解决。作为一种非市场决策，政府规制的基本依据不是厂商利润的最大化，而是能否满足社会公共需要、增进社会福利，是否有利于社会公平的实现。比如，对什么是社会公共需要、制定并实施怎样的规制政策才算是提高社会福利水平等问题，不同社会阶层有不同的标准，很难找到一致认同的衡量尺度；再比如，由于作为决策主体的政府掌握了一定的自由裁量权，它就有可能为了实现自身利益而利用所掌控的行政权力在一定程度上操纵政府规制过程而使之偏离正确的轨道，从而使得规制后的经济效率低于规制前的效率。因此，完善政府规制的决策过程，如制定相应的决策程序、吸收利益相关者参与决策过程、建立健全规制的外部制约机制等，是政府规制应有的题中之义。

二、保障竞争公平

党的十七大报告首次提出保障社会公平正义，突出社会公平在加快推进以改善民生为重点的社会建设中的核心价值判断和事实基础，强调国家的社会责任。公平是文明社会的一个显著标志，是协调人与社会各方面相互关系的基本准则，是一个社会具有凝聚力、向心力和感召力的源泉，是和谐社会的核心价值取向，也是和谐社会的重要保障之一。要保障竞争公平，要做到如下三点。一是对自然垄断行业放松进入规制。

鉴于我国目前多数垄断行业并非自然垄断而是行政垄断，所以首先要打破行政垄断，使企业成为独立的市场主体；同时放松行业进入的规制，引入竞争。只有随着竞争的展开，自然垄断现象才有可能真正显现。因此，对于真正可能出现的自然垄断，还要进行适当规制，重点是对公平竞争和市场规范的规制。二是对政企分开改革的规制应该以放为主。我国的政企分开改革初见成效，但离建立真正意义上的现代企业制度还有一定距离。因此，必须加快政府规制体制和国有资产管理体制的改革，进一步推进政企分开，将政府的规制者职能和所有者职能分离，交由不同的行为主体承担，以克服政府角色冲突所带来的规制行为扭曲。三是合理界定市场主体的相互关系。社会的成功转型需要一个稳定的政治环境，政治稳定需要通过关注公平来维护，公平需要政府公共权力的有效维护。政府作为国家实现政治统治的机构，需要为其他的社会经济主体制定规则，合理界定各种市场主体之间的相互关系，保证社会的公平和秩序。

三、保障利益公平

改革开放后，我国经济得到快速增长，但是，经济增长带来的效益分配却不够合理，现实要求政府通过规制促进分配的合理化，限制经营者的暴利，切实保障劳动者、土地矿产资源所有者的合法权利。

公平贯穿于法律、道德、经济等层面，协调不同层面的关系，维护不同阶层的利益，使各种利益主体和谐共存，共同发展。改革开放和社会主义市场经济的发展，带来利益主体和利益需求的多样化以及利益关系的复杂化，因此，要在坚持人民根本利益一致的基础上，兼顾各方面利益，妥善协调各种具体的利益关系；正确处理个人利益和集体利益、局部利益和整体利益、当前利益和长远利益的关系；维护合法利益，抑制非法利益，实现利益整合，为最大多数人谋求最大的利益；健全收入分配调节制度、最低生活保障制度和社会救助体系，逐步解决地区之间和社会成员之间收入差距过大的问题，实现全体人民的共同富裕，促进社会各个阶层的和谐发展。在社会转型时期，为维护政治稳定，往往要加强政府公共权力的运用，兼顾效率与公平原则，使社会的贫富差距控制在一个有利于社会发展的范围内，防止社会出现政治动荡，使社会转型不付出无谓的代价。在对全社会公共利益进行分配中坚持和维护社会公平正义，不是传统社会的均贫富，而是在坚持效率与公平并重、竞争与合作相一致、先富和共富相一致、扶强和帮弱相一致、程序公正和实质公正相一致等原则下，最大限度地维护和发展不同阶层不同群体的利益，最大限度地化解矛盾，推动社会的全面进步。

第四节　政府规制的行政约束：命令处罚

政府规制是一种特殊的公共物品，它是在市场机制不能实现有效配置的经济领域，依据一定的规则，通过行政手段进行的一种资源配置方式，政府是规制制度的供给者。作为克服市场缺陷的直接经济管理手段，政府规制在治国方略中仍占据主要位置。政府规制是一个政治过程，包括规制政策的形成、规制政策的执行和规制政策的调整全过程，主要有信息收集、法规制定和行政裁决三个阶段。加强政府规制能力建设，以适应我国改革开放和社会主义现代化建设的新要求，应作为当前我国转变政府职能、提高政府执政能力的重要内容。

一、行政规定

宪法和组织法赋予各级行政机关制定行政规定这类中观规范的职权，是行政领域独有的现象。行政规定在多层级规范体系的形成和开放过程中起到枢纽和转化装置的作用，而且还为行政法治演进创新相应的制度前提。行政机关根据固有职权和法定授权，可以制定不同种类的、具有不同法律效力的规范性文件。《宪法》以及《地方人大和地方政府组织法》中的"决定""命令"和"行政措施"等，其中除了具体行政行为和不具有外部效果的抽象行政行为外，基本上都可以纳入行政规定范围。显然，当时并非从行政法治角度对此予以规定，在推行行政法治的今天，对其功能重新认识和定位，就势所必然。行政规定是我国行政领域最为广泛的现象之一，确实存在一些"乱象"。制定主体多、层级繁、制定程序缺损、适用范围不清、表现形式繁杂和法律性质与地位不明。目前，大多数学者在行政规定的外部效力上保持肯定态度。行政规范性文件是具有法律效力的国家政令，在行政管理领域，行政规则作为抽象行政行为的一种形式，自然具有普遍的约束力，对行政管理相对方具有约束力和强制执行力。公民、法人和其他组织在进行各种活动时必须遵守相关规范性文件的规定，对相应文件所确定的义务必须履行。行政相对方违反行政规范性文件的规定，不履行相应义务，行政机关可

112

以依法对其采取强制措施，强制其遵守和执行，或依法对其给予行政处罚，追究其行政法律责任。

二、行政命令

行政命令是行政主体依法要求相对人进行一定的作为或不作为的意思表示。行政命令从形式上理解，凡带有"命令"或"令"的行为一律称为行政命令，如授权令、公告令、执行令、嘉奖令、任免令等。从实质上理解，行政命令是行政主体的一种强制性行为，只存在于行政处理行为之中，与行政检查、行政决定和行政强制执行相联系，并且相互衔接。行政命令具有强制力，它包括两类：一类是要求相对人进行一定作为的命令，如命令纳税、命令外国人出境；另一类是要求相对人履行一定的不作为命令，称为禁（止）令，如因修建马路禁止通行、禁止携带危险品的旅客上车等。西方国家有的学者把行政命令分为四种，即执行命令、委托命令、独立命令和紧急命令，认为行政命令是指国家行政机关制定和发布行政法规的职权。比如，2010 年 8 月 8 日国家工业和信息化部对不能达到能耗降低目标的企业，向社会公告淘汰落后产能涉及的 2087 家企业名单，这些企业必须在 2010 年 9 月底前关闭。对未按规定限期淘汰落后产能的企业，工信部要求吊销其排污许可证，银行业金融机构不得提供任何形式的新增授信支持，投资管理部门不予审批和核准新的投资项目，国土资源管理部门不予批准新增用地，相关管理部门不予办理生产许可，已颁发生产许可证、安全生产许可证的要依法撤回。这个行政命令证明了中国还没有一个能够及时淘汰落后产能的市场机制。因此，需要政府根据社会生产力进步、人们理念进步和落后产能变化等不断发展的情况来界定什么行业、什么企业、什么项目是落后产能，并通过政府规制来及时淘汰落后产能行业和企业。

三、行政处罚

行政处罚是指行政机关或其他行政主体依法定职权和程序对违反行政法规尚未构成犯罪的相对人给予行政制裁的具体行政行为。行政处罚是一种行政机关主动作为的具体行政行为，是对相对人的人身自由、财产、名誉或其他权益进行限制或剥夺。行政处罚法分广义和狭义两种，狭义的行政处罚法专指《中华人民共和国行政处罚法》；广义的行政处罚法泛指一切有关行政处罚的行政法律、法规和规章。行政处罚是以对违法行为人的惩戒为目的，而不是以实现义务为目的；行政处罚的适用主体是行政机关或法律、法规授权的组织；行政处罚的适用对象是作为行政相对方的公民、法人或其他组织，属于外部行政行为。行政处罚的种类，主要是指行政处罚机关对违法行为的具体惩戒制裁手段。根据《行政处罚法》和其他法律、法规的规定，我国的行政处罚可以分为以下七种：警告；罚款；没收违法所得、没收非法财物；责令停产停业；暂扣或吊销许可证，暂扣或者吊销营业执照；行政拘留；法律、行政法规规定的其他行政处罚。

第五节 政府规制的行政底线：有效激励

市场和政府是市场经济中不可或缺的两种作用力量，市场机制通过持续的经济激励，激发社会经济运行的活力，改变经济参与者的行为方式和推动经济的不断发展；政府通过价格和利润等杠杆，调节资源配置，提高资源使用效率。因此，必须深化行政改革，规范政府行为，为微观市场主体提供有效激励。

一、提供公共服务

提供良好的公共服务和社会管理是现代政府的重要职责，是政府应该而且必须提供的公共产品，从而要求转变政府职能，明确政府职责，塑造服务型政府。胡鞍钢在《中国政府转型与公共财政》中阐述了改革开放 40 年以来政府发展目标经历的三个阶段的演变过程：1978—1992 年经济建设型政府战略，1992—2003 年向公共服务型政府转变，2003—2020 年建立公共服务型政府。他指出，"十一五"规划标志着中国政府为成为公共服务型政府迈出了决定性的一步，尽管这个转变过程尚未完成，但到 2020 年中国政府将成为真正意义上的公共服务型政府。政府职能转变的实质是政府职能的更新问题，由强制性行政干预转向服务监控，解决职能上的错位、越位问题。政府要改变经济的监管框架，减少微观经济规制，加强宏观经济调控，创造良好的市场环境，建立和完善公平竞争、规范有序的市场体系，打破部门、行业垄断和地区壁垒，发挥市场在资源配置和结构调整中的基础性作用，提高公共服务水平。政府不同于其他任何社会组织，具有强制力、征税权和禁止权，可以有效行使监管权。因此，有效的政府规制或市场监管本身就是政府公共服务和社会管理的题中应有之义。当然，服务型政府不是取悦于民，更不是搞一些中看不中用的政绩工程，而是应该解决一些实质性的民生问题。

二、实现有效激励

激励性规制是相对于政府单方强制规制而言的一种新型管制方式。在信息不对称的情况下，政府为纠正市场失灵、提高经济效率，通过激发、引导的方法使企业自愿按政府意图进行生产经营。一切政府最应该做的就是"选择性激励"。然而，以"选择性激励"来界定政府的基本职能，则尚嫌笼统。毕竟，政府不是一般意义上的"集团"。那么，政府应当如何行事呢？保罗·萨缪尔森指出，政府应当"为人民做他们所需要做的事，而这些事靠个人的努力是完全做不到的或无法做得那样好的"①。与一般性的集团相比，政府作为公共利益的总代表，其存在的唯一理由在于着眼于全体社会成员福利的最大化。因而可以得出这样的结论：政府的基本职能在于权威性地分配社会公共利益。所以说，一方面有效激励是政府的基本职能；另一方面有效激励的目的是有效竞争。因此，要以有效竞争为目标导向、以激励性规制为手段，实现政企分离的政策目标。竞争是市场经济最显著的特征，"竞争出质量，竞争出效率，竞争机制的引入与完善是提高公共服务水平和质量的根本之道"②。规模经济与竞争活力便构成政府制定规制政策的两难选择。从

---

① [美]曼瑟尔·奥尔森. 集体行动的逻辑［M］. 陈郁，译. 上海：上海人民出版社，1995：41.
② 周志忍. 当代国外行政改革比较研究［M］. 北京：国家行政学院出版社，1999：147.

世界范围来看，适度开放和适度竞争的市场，以实现规模经济与竞争活力相兼容的有效竞争作为政府规制的目标导向。其实质是给予企业一定的自由裁量权，促使企业降低成本、提高质量、改善服务，诱导企业逐步接近社会福利最大化。

第五章

政府规制的社会性维度

　　社会性规制是指在存在外部性和信息偏差的领域，"以保障劳动者和消费者安全、卫生、健康以及保护环境和防止灾害为目的，对经济物品和服务质量以及伴随它们而产生的各种活动制定一定的标准，并禁止、限制经济主体或社会主体特定行为的规制"①。社会性规制主要是完善技术标准，纠正信息不对称，加强安全生产，提高医疗卫生，保护生态环境，健全社会保障，维护劳工权益等。如果忽略社会性规制则会引发诸如环境污染、安全事故、劣质产品等社会问题。当然，社会性规制的实践和理论都必须具有一定的科学维度，具体表现为民生为本的社会基础、改善民生的社会尺度、和谐发展的社会目标、环保安全的社会要求、绿色标准的社会约束和绿色壁垒的社会底线。

---

① ［日］植草益．微观规制经济学 ［M］．朱绍文，译．北京：中国发展出版社，1992：2－5.

第一节 政府规制的社会基础：民生为本

所谓民生为本，就是始终把人民的利益作为第一考虑，把民生工作放在一切工作的首位，把解决群众的切身利益问题尤其是生产生活中的问题作为头等大事。中国共产党的性质决定了为人民谋利益是中国共产党人从事一切活动的出发点和归宿。关注民生、重视民生、保障民生、改善民生是我们党和政府的基本职责，也是构建社会主义和谐社会的关键。我国"十一五"时期经济社会发展主要目标分为五类——经济增长、经济结构、人口资源环境、公共服务和人民生活，共有22个量化指标。"十一五"规划更加凸显公共服务类别和资源环境指标，首次界定了政府的公共服务和社会治理的主要领域，同时规定了包括义务教育、公共卫生、社会保障、促进就业、农村科技推广、防灾减灾等政府公共预算支出的主要领域，为真正实现政府职能的转变奠定了重要基础。科学发展观强调在实现、维护和发展人民群众根本利益中促进人的全面发展，让人民共享发展成果，充分说明我国具备了民生为本的社会基础。

一、坚持民生为本的价值理念

民生为本的价值理念就是以最广大人民为价值主体，以满足人民生存和发展需要为价值取向、价值目标、价值标准的价值观。它代表了人民群众的利益和愿望，凝聚着马克思主义的世界观、历史观和价值观。

我国在社会主义条件下，坚持一切发展归根到底都是为了满足人民群众的生存和发展的需要，从如何有利于人的生命健康、生活水平和生活质量的提高来寻求发展的路径，以解决人民群众最直接、最现实、最关心的利益问题为重点，着眼于保障民生、改善民生，维护人民群众的利益和愿望。落实以人为本的科学发展观，就是坚持以民生为基础、以民生为核心、以民生为根本，更好地实现人民的愿望、满足人民的需要和维护人民的利益。

二、坚持民生为本的价值取向

党的性质和根本宗旨决定了必须践行民生为本的价值取向，把实现最广大人民群众的利益作为第一追求，为让人民生活更加殷实、更加舒心和精神生活更加充实而不懈奋斗。人民群众的信任和支持是我们党治国理政的"基石"，党领导人民建设中国特色社会主义的伟大事业，归根到底是人民群众的事业，是一切为了人民谋利益的事业，又是一切依靠人民群众谋发展的事业。所以，社会和谐的首要价值目标是人民丰衣足食，人民安居乐业。只有践行民生为本的价值取向，才能把党的执政为民的根本宗旨落到实处，才能不断凝聚民族振兴的合力，才能不断夯实执政兴国之基。

三、坚持民生为本的执政宗旨

坚持民生为本是由党的性质决定的，保障民生、改善民生必然成为我们党的各项工作的基本着眼点。无论是革命战争年代还是和平建设时期，我们党的一切工作，都是为了人民能够过上幸福安康的生活。"保障民生、改善民生"作为国家的根本大计被明确地写进党的报告中，是党在多年治国理政的实践中形成的立党为公、执政为民的执政宗旨，是以人为本、科学发展、和谐发展执政价值理念的丰富和深化。我们党是全心全意为人民服务的马克思主义政党，我们党执掌政权以来始终坚持以民生为本的根本执政理念，让经济社会发展成果更多地体现到改善民生上，不断提升人民的生活质量。

四、坚持民生为本的价值标准

民生为本的价值标准就是把是否有利于民生的改善、国民福祉的提升作为衡量一切决策、一切工作正确与否的尺度。它是人民利益价值标准的核心内容，也是衡量社会又好又快发展的核心指标。民生是发展之要，民生是发展之基。这是社会主义社会永葆旺盛生机和持久活力的可靠保证。国以民为本，党以民为基。这既是马克思主义的一个基本观点，又是我们党多年实践经验的总结，更是科学发展观的真谛所在。人心向背是决定一个政党、一个政权盛衰的根本因素。"乐民之乐者，民亦乐其乐；忧民之忧者，民亦忧其忧。"（《孟子·梁惠王下》）党的理论路线和方针政策以及全部工作，始终贯彻民生为本的精神，千方百计为民造福，得到了人民群众的支持和拥护。把以民为本思想作为一切工作的指导原则，切实考虑和提高广大农民群众的利益，最广泛、最充分地调动人民大众的积极性、主动性与创造性，最大限度地发挥人民的内在潜能，不断增强社会发展的生机与活力。

第二节　政府规制的社会尺度：改善民生

我国自古以来就把"国计"与"民生"相提并论，传统的执政治国思想提出"民惟邦本，本固邦宁"（《尚书·五子之歌》）。管子曰："为政之道，以厚民为本；治国之道，必先富民。"（《管子·治国》）"政之所兴，在顺民心；政之所废，在逆民心。"（《管子·牧民篇》）这些论述经典地反映了古代先贤对民生问题的重视，也是历史上政权兴衰的经验总结。近些年我国的经济取得快速增长，可以说创造了经济奇迹。但是，随着经济的发展，一系列危害生存和发展的民生问题不断出现，某些方面甚至背离以民为本的发展本质和发展方向。因此，必须在保证经济发展的前提下加强政府的社会性规制，更加注重社会建设，着力保障和改善民生；不断推进社会体制改革，扩大公共服务，完善社会管理，促进公平正义；"努力使全体人民学有所教、劳有所得、病有所医、老有所养、住有所居"。

一、充分就业

就业是人民生存和生活的根本，充分就业与经济形势、政府的就业政策密切相关，也与依法对劳动力市场的规制有关。如果实施有利于企业主的劳动力市场监管政策，就业形势就会趋于紧迫；反之，实施有利于工人的劳动力市场监管政策，则可以实现稳定、长期就业。因此，要实行"劳动者自主择业，市场调节就业，政府促进就业"的方针；坚持实施积极的就业政策，加强政府引导，完善市场就业机制，改善就业结构，扩大就业规模；加强就业观念教育，健全面向全体劳动者的职业教育培训制度，加强农村富余劳动力转移就业培训；建立统一规范的人力资源市场，形成城乡劳动者平等就业的制度；支持自主创业、自谋职业政策，使更多劳动者成为创业者；完善面向所有困难群众的就业援助制度，及时帮助零就业家庭解决就业困难；规范和协调劳动关系，完善和落实国家对农民工的政策，依法维护劳动者权益。

二、发展教育

教育是强国富民的基础，是民族振兴的基石。教育公平是社会公平的重要基础，要把教育放在优先发展的战略地位，全面贯彻党的教育方针，坚持育人为本、德育为先，实施素质教育，提高教育现代化水平，培养德智体美劳全面发展的社会主义建设者和接班人，办好人民满意的教育。因此，要优化教育结构，促进义务教育均衡发展，加快普及高中阶段教育，大力发展职业教育，提高高等教育质量；要更新教育观念，深化教学方式、考试招生制度、质量评价制度等改革，减轻中小学生课业负担，提高学生综合素质；要坚持教育的公益性质，加大财政对教育的投入，规范教育收费，扶持贫困地区、民族地区教育，保障经济困难家庭、进城务工人员子女能平等接受义务教育；要加强教师队伍建设，重点提高农村教师素质；要鼓励社会力量兴办教育，扩大办教育的力量；要发展远程教育和继续教育，建设全民学习、终身学习的学习型社会。

三、科学分配

分配是人民休养生息的源泉，合理的收入分配制度是社会公平的重要体现。但是，"市场并不必然能带来公平的收入分配，市场经济可能会产生令人难以接受的收入水平和消费水平的巨大差异。……即使是最有效率的市场体系，也可能产生极大的不平等"[①]。对于市场带来的公平缺失，必须由政府来解决。因此，需要政府的微观规制，通过"扩中、提低、限高"，缩小贫富差距，形成"两头小、中间大"的分配格局；坚持和完善按劳分配为主体、多种分配方式并存的分配制度，健全劳动、资本、技术、管理等生产要素按贡献参与分配的制度，做到初次分配和再分配处理好效率和公平的关系，再分配更加注重公平；逐步提高居民收入在国民收入分配中的比重，提高劳动报酬在初次分配中的比重；着力提高低收入者收入，逐步提高扶贫标准和最低工资标准，建立企业职工工资正常增长机制和支付保障机制；扩大转移支付，强化税收调节，打破经营垄断，创造机会公平，整顿分配秩序，逐步扭转收入分配差距扩大趋势。

四、健全社保

社保是人民生存和发展的依托，是社会安定的重要保证，必须加快建立覆盖城乡居民的社会保障体系，保障人民基本生活。因此，要以社

---

① ［美］保罗·萨缪尔森，威廉·诺德豪斯. 经济学：第十六版 ［M］. 萧琛，蒋景媛，译. 北京：华夏出版社，1999：27.

会保险、社会救助、社会福利为基础，以基本养老、基本医疗、最低生活保障制度为重点，以慈善事业、商业保险为补充，加快完善社会保障体系。完善和健全养老、失业、医疗等社保机制，落实城镇居民最低生活保障；探索建立农村养老、医保和最低生活保障制度；大力加强对特殊困难群众的救助，确保弱势群体的生活底线，使人民群众老有所养、病有所医、居有其屋、衣食无忧；促进企业、机关、事业单位基本养老保险制度改革，逐步提高保障水平；完善失业、工伤、生育保险制度；健全廉租房制度，加快解决城市低收入家庭住房困难问题。

五、完善医疗

健康是人全面发展的基础，关系千家万户幸福。因此，要坚持公共医疗卫生的公益性质，坚持预防为主，以农村为重点，中西医并重；实行政事分开、管办分开、医药分开、营利性和非营利性分开，建立国家基本药物制度，保证群众基本用药；强化政府责任和投入，完善国民健康政策，鼓励社会参与，建设覆盖城乡居民的公共卫生服务体系、医疗服务体系、医疗保障体系、药品供应保障体系，为群众提供安全、有效、方便、价廉的医疗卫生服务；全面推进城镇职工基本医疗保险、城镇居民基本医疗保险、新型农村合作医疗制度建设；深化公立医院改革，加强农村三级卫生服务网络和城市社区卫生服务体系建设；加强医德医风建设，提高医疗服务质量，确保药品安全；提高重大疾病防控和突发公共卫生事件应急处置能力。

六、确保稳定

稳定是人民安居乐业的坚强后盾，是改革发展的重要前提。因此，要加强社会治安防控体系和综合治理，依法严厉打击各种刑事犯罪，维护社会治安的良好状况，增强人民群众的安全感；健全社会矛盾纠纷处理机制，把各种矛盾化解在萌芽状态；完善社会管理，健全党委领导、政府负责、社会协同、公众参与的社会管理格局；健全基层社会管理体制，妥善处理人民内部矛盾；重视流动人口服务和管理；强化安全生产管理和监督，有效遏制重特大安全事故，完善突发事件应急管理体制；改善城乡社区警务工作，保障人民生命财产安全；健全国家安全体制，防范各种分裂、渗透、颠覆活动，切实维护国家安全。

第三节　政府规制的社会目标：和谐发展

一个国家的整体性繁荣有赖于政治、经济、社会和文化的全面建设，忽略任何一方面都会影响其他方面。党的十六届六中全会将社会建设与政治建设、经济建设和文化建设并列提出，说明我国政府职能的回归，更加注重社会的整体性建设；昭示我国政府规制的社会目标是追求和谐发展，促使社会系统中的各个方面处于一种相互协调、良性运行的发展状态。具体地说，就是人与人的和谐发展、人与自然的和谐发展和人与社会的和谐发展。

一、人与人的和谐发展

人是社会和谐发展的主要因素与核心方面，人与人的和谐是人与人关系的理想形态。它要求人与人之间互相理解、互相尊重、相互信任、相互接纳、相互关心、互相帮助、相互宽容、互相合作、平等互利，在合作中竞争，在竞争中合作，共同追求"诚信友爱"的理想目标。诚信友爱，就是全社会团结互助、诚实守信、平等友爱、融洽相处。我们党提出构建社会主义和谐社会，把诚信友爱作为构建和谐社会的重要内容，符合我国现阶段的社会特点和发展趋势，对社会和谐发展具有重要价值。当今社会是一个民主、开放、多元的社会，允许人们具有不同的价值观念、不同的行为模式和不同的利益诉求，因而需要社会成员以诚相待、相互理解、相互信任、友爱相处。人与人的和谐可以减少社会生活中的各种内耗和摩擦，减少社会生活的风险和代价，使社会运行成本降低；可以构筑良好的人际关系，从而有利于个体的身心健康、事业的成功和对社会做出更大贡献，使社会的整体利益最大化；可以给社会带来物质成果和精神成果，有利于形成普遍的社会价值认同和增加社会凝聚力；可以使人在彼此信任和相互关爱中感受做人的价值和尊严，体验生活的美好和人生的幸福，从而激发生命的创造力。从经济学的角度来看，人人有饭吃的社会是解决私人物品的供给和需求之间的矛盾，人人都可以充分表达自己的意愿、诉求，主要是解决公共物品供求矛盾，在此基础上实现不同阶层、人群、区域之间的理解、包容和宽容。我国私人物品供求矛盾似乎已经不是主要矛盾，而公共物品供求矛盾凸显。在公共物品供求矛盾中，社会对有效政府规制的需求与有效规制供给之间的矛盾十分明显。因此，在追求和谐发展的过程中，要通过政府规制的改革与创新，努力营造和谐的氛围，将法律法规落实为日常的监管，使人们在公平公正的规则下，通过自由平等有序的竞争，使人的创造潜能得到充分发挥，创造愿望得到充分尊重，创造活动得到充分支持，创造成果得到充分肯定，个人价值得到充分实现，社会效率得到充分提高，从而促进整个社会充满活力并和谐发展。

二、人与自然的和谐发展

人与自然的和谐是保持人与自然之间的平衡与协调，形成人与自然和谐的价值取向和思维模式。它要求人超越极端人类中心主义，重新审视自我，在合理利用自然的过程中创造更多的社会财富，发展人与自然关系的协调和匀称。马克思、恩格斯十分重视人类和自然环境的关系。马克思把劳动过程看成人类和自然之间的物质变换过程。恩格斯告诫人们："不要过分陶醉于我们人类对自然界的胜利。对于每一次这样的胜利，自然界都对我们进行报复。每一次胜利，起初确实取得了我们预期的结果，但是往后和再往后却发生完全不同的、出乎预料的影响，常常把最初的结果又消除了。"①如果人与自然不能和谐，生态环境遭到严重破坏，生活环境极度恶化，环境利益严重受损，社会和谐发展就不可能真正实现。尤其对于我们这样一个人均资源少、生态环境相对脆弱的国

---

① 马克思，恩格斯．马克思恩格斯选集：第4卷［M］．北京：人民出版社，1995：383.

家来说，实现人与自然的和谐相处，确保环境利益的实现显得尤为必要和紧迫。因此，需要政府规制，使人们正确认识和遵循自然规律，协调生态环境与经济发展的关系，实现人文精神与科学精神的有机统一，在更高的科技水平上实现人与自然的协调发展。促使人们形成崇尚人与自然协调发展的观念，增强全员的环境保护意识，发展人与自然和谐相处的能力，提高资源利用效率；树立科学的生态伦理观，探索并发现既有益于人类生存发展又促进自然平衡发展的生态道德关系，承认生物的平等性乃至整个物质世界的平等性，尊重自然，善待自然；选择健康文明的生活方式，将生态概念引入生活世界，逐步培养健康、文明、绿色的生活方式；建立人与自然和谐发展的经济运行模式，坚决改变以破坏资源和环境为代价的粗放型经济增长方式，大力发展循环经济和推广绿色生产方式；追求人与自然和谐统一的理想生态境界，真正意识到自然对人的生命之源的价值意义，意识到维护自然的责任和义务，从而摆正人在自然界中的位置，用理性的眼光看待人与自然的关系，从不顾自然的人类发展模式转变为人与自然和谐相处的发展模式，实现人与自然的和谐发展。

三、人与社会的和谐发展

社会是人类生活的共同体，每个人无论自觉与否，都必然存在于一定的社会关系中。人与社会的和谐，不仅是利益层面的和谐，而且是价值层面的和谐。从价值哲学的角度来看，是两个不同价值主体之间的和谐，需要解决好社会公平正义，使人人享有平等的机会和权利；从政治学的角度来看，是执政党要保护人民基本人权，保障社会多元化，防止社会分裂化；从社会学的角度来看，是执政党要调节社会成员及不同群体之间的利益关系，缩小社会收入贫富差距；从经济学的角度来看，是执政党要在经济增长与资源环境之间、公平与效率之间找到平衡点。因此，政府的社会规制要做到坚持公平正义、追求利益协调、维护社会秩序。

（一）坚持公平正义

公平正义就是社会各种利益关系得到妥善协调，社会各种矛盾得到正确处理，为每个社会成员提供公平的机制、公平的环境、公平的条件和公平的发展机会。公平正义是文明社会的一个显著标志，是协调人与社会各方面相互关系的基本准则，是一个社会具有凝聚力、向心力和感召力的源泉，是和谐社会的核心价值取向，也是和谐社会的重要保证之一。坚持公平正义，首先体现在人格、权利、机会、规则等方面的平等，使每一个人都具有平等的人格、权利和机会参与国家事务和社会事务；其次，体现在利益分配上是按照各自的贡献进行分配。当然，公平正义还贯穿于法律、道德等层面，协调不同层面的关系，维护不同阶层的利益，使人和谐共存、共同发展。改革开放和社会主义市场经济的发展，带来利益主体和利益需求的多样化以及利益关系的复杂化，如果不能及时有效地调整和解决各种利益关系和矛盾，就会造成各个社会阶层和群体之间的对立，甚至成为社会不稳定的根源。但是，坚持和维护社会公平正义不是传统社会的均贫富，也不是计划经济时代的普遍贫穷，而是在坚持效率与公平并重、竞争与合作相一致、先富和共富相一致、扶强和帮弱相一致、程序公正和实质公正相一致等原则下，最大限度地维护和发展不同阶层不同群体的利益，最大限度地化解矛盾，推动社会的全面进步。

（二）追求利益协调

在社会发展的过程中，必然出现主体意识不断增强，社会主体进一步分化，社会利益关系更趋复杂，不同主体之间发生各种利益冲突等现象。这需要在马克思主义利益观的指导下，在坚持人民根本利益一致的基础上，兼顾各方面利益，妥善协调各种具体的利益关系，正确处理个人利益和集体利益、局部利益和整体利益、当前利益和长远利益的关系；维护合法利益，抑制非法利益，实现利益整合，为最大多数人谋求最大的利益；健全收入分配调节制度、最低生活保障制度和社会救助体系，逐步解决地区之间和社会成员之间收入差距过大的问题，实现全体人民的共同富裕，促进社会各个阶层和谐发展。

（三）维护社会秩序

社会的和谐发展需要安定有序的社会秩序。安定有序就是安定的社会政治环境和有序的社会生活环境，社会组织机制健全，社会管理完善，人民群众安居乐业。人类社会是一个极其复杂的系统，不可能没有矛盾和冲突。社会发展的阶段性决定了我们在构建和谐社会的过程中，既要正视矛盾的斗争性，更要重视矛盾的同一性。倡导"求同存异""和而不同"的兼容思维方式，理性地认定和确立维护社会秩序的方式，调整社会关系，维护社会秩序，促进社会和谐。

社会主义和谐社会是以追求制度正义为价值理念，以公正、有序、安全和稳定为外在形态，以政府负责、社会协调和公众参与为载体，是公民权利得到尊重，体现以人为本的"良法善治"的法治社会；是国家与社会、政府与人民、权力与权利、公共领域与私人领域良性互动，达到社会整体结构和各层次的稳定与平衡的市民社会；是普遍利益、特殊利益与个别利益有机均衡协调互赢，公平与效率都得到体现的诚信富裕社会。社会主义和谐社会的核心价值取向是实现资源有效配置和社会福利最大化，这正是政府规制追求的目标。为又好又快地建设社会主义和谐社会，就必须对政府规制进行改革。

四、政府是和谐发展的保障

政府是和谐发展的领导核心和主导力量，政府行政能力的强大高效是推动和谐社会建设的有力保障。随着我国改革开放和社会主义市场经济体制的确立，政府规制正向着法治化、规范化和制度化的方向发展。和谐发展是一个过程，在不同的阶段需要不同的政府规制。现在是构建和谐社会的起步阶段，社会中还存在一些不和谐现象，建设和谐社会首先要消除、化解这些不和谐现象。个别微观市场主体采用不正当或不合法的方式，比如一些不科学的、破坏性的、掠夺性的生产方式。这会导致环境问题与社会问题，给行为相对人带来损害，引起社会的不公和他人的不幸，造成人际关系不和谐，加重了人与自然、人与社会的不和谐。因此，需要政府规制来加强维护社会和人民的利益，确保社会和谐发展。

第四节　政府规制的社会要求：环保安全

环保和安全是我国社会性规制领域的两大核心问题，是政府规制的基本社会要求。近年来，随着我国经济发展和人民生活水平的提高，对生活质量、安全健康、社会福利等问题的关注程度日益加强，以保护劳动者和消费者安全、健康、卫生和保护环境为目的的社会性规制在政府规制中的地位和作用日益加强。但是，我国目前仍然存在环境污染和生态破坏，影响人的健康、社会发展和环境安全；安全生产事故频发，安全事故死亡率高，受到职业危害的人数在增加；技术标准体系不健全和假冒伪劣产品大量存在，影响人们的健康、卫生和安全等问题。这些生态环境、产品质量和生产生活不安全等问题的存在都与政府社会性规制缺失有关。因此，必须加强政府的社会性规制，实现环境保护和安全保障。

一、环境保护

1972 年联合国人类环境会议以后，"环境保护"这一术语被广泛地采用。我国在 1956 年提出"综合利用"工业废物方针，20 世纪 60 年代末提出"三废"处理和回收利用的概念，20 世纪 70 年代改用"环境保护"这一比较科学的概念。根据《中华人民共和国环境保护法》的规定，环境保护的内容包括保护自然环境和防治污染及其他公害两个方面。要求运用现代环境科学的理论和方法，在更好地利用资源的同时深入认识、掌握污染和破坏环境的根源和危害，有计划地保护环境，恢复生态，预防环境质量的恶化，控制环境污染，促进人类与环境的协调发展。

（一）环境保护的丰富性

环境保护是指人类为解决现实的或潜在的环境问题，协调人类与环境的关系，保障经济社会的持续发展而采取的各种行动的总称。环境保护是利用环境科学的理论和方法，合理地利用自然资源，防止环境的污染和破坏，以求保持和发展生态平衡，扩大有用自然资源的再生产，保证人类社会的发展。环境保护涉及自然科学和社会科学的许多领域，至少包含三个层面的意思。一是保护自然环境。要求不能私采滥伐、不能乱排乱放、不能过度放牧、不能过度开荒、不能过度开发自然资源、不能破坏自然界的生态平衡等，防止自然环境的恶化。二是保护生活环境。涉及人的衣、食、住、行等方方面面，要求符合科学、卫生、健康、绿色的标准，保证人的健康生活。三是保护地球生物。要求保全物种，扩大生物栖息地，养护植物植被，保护濒临灭绝生物，实现生物多样性。

（二）环境保护的全球性

第二次世界大战以来，由于工业化、城市化、交通现代化及全球人口剧增，矿物能源大量消耗，大气中的二氧化碳、二氧化硫等含量迅速增加，抑制了地球表面热量向太空的逸散，形成了"温室效应"。国际环境日益恶化，成为一个严重的全球性问题，国家作为国际社会最基本成员，在享受环境权利的同时，也要承担国际环境责任。国家责任是国家造成环境公害所应承担的责任，是国际法的一项重要制度。在经济发展和环境保护矛盾日益凸显的今天，如何通过有效的手段规制企业的环保行为是各个国家与地区政府所关注的课题。

（三）环境保护的滞后性

环境保护已成为当今世界各国政府和人民的共同行动和主要任务之一。我国虽然把环境保护宣布为一项基本国策，但是重视环保还比较晚，现在各级政府的重视程度还有差距。我国制定和颁布了一系列环境保护的法律、法规，以保证这一基本国策的贯彻执行。主要要求防治由生产和生活活动引起的环境污染；防止由建设和开发活动引起的环境破坏；保护有特殊价值的自然环境以及注重城乡规划，控制水土流失和沙漠化、植树造林、控制人口的增长和分布、合理配置生产力等。加强生态环境保护与建设，推动经济持续快速协调健康发展，是新时期中国政府正确履行职能、提高驾驭社会主义市场经济能力的重要内容。我们将按照树立和落实科学发展观的要求，努力保持经济发展与人口、资源、环境相协调，走出一条生产发展、生活富裕、生态良好的文明发展道路。一要加强对自然环境的保护，禁止过度开发自然资源，防止自然环境的恶化，保持自然界的生态平衡；二要加强对人类居住、生活环境的保护，使之更适合人类工作和劳动的需要；三要加强对生物的保护，注重物种的保全，保持生物多样性，实现人类与生物的和谐共处。

二、安全保障

安全是社会个体的基本需要，也是国家稳定与社会和谐的基本条件，更是社会经济发展的基本力量。狭义的安全指生产安全和生活安全；广义的安全包括社会安全、经济安全、政治安全、信息安全和国际安全等。生活安全和生产安全从本质上讲是一样的，只不过是在活动、区域等形式上不同而已。伴随着国民经济的快速发展和人们生活水平的提高，创造一个安全、健康、高效的工作生活环境是全社会共同追求的目标。但是，我们面临的形势是严峻的，事故发生总量仍然很大，非法违法生产现象严重，重特大事故多发频发，涉及人们吃、穿、住、行的安全问题时有发生，给人民群众生命财产造成了重大损失。因此，应通过政府规制，注重行业、地区、生产方式、作业特点、人员素质、区域环境等因素建设，有效地防范安全事故的发生，确保生产安全和生活安全。

（一）保障生产安全

生产安全是指在生产经营活动中，为避免发生人员伤害和财产损失事故而采取的事故预防和控制措施，以保证从业人员的人身安全，保证生产经营活动得以顺利进行的相关活动。这些年我国安全事业有了长足的发展，安全立法初建体系，安全监管逐步加强，社会安全观念有了较大转变，安全科学理论有了初步发展，安全技术取得一定进步，安全管理体制基本形成，安全文化建设不断发展。但是，目前安全工作还存在诸多问题，正如国务院在《关于进一步加强企业安全生产工作的通知》中所指出的，尽管全国生产安全事故逐年下降，安全生产状况总体稳定，趋于好转，但形势依然十分严峻，各种事故时有发生，给人民群众生命财产安全造成重大损失，暴露出一些企业重生产轻安全、安全管理薄弱、主体责任不落实，一些地方和部门安全监管不到位等突出问题。虽然目前政府加强对矿山、建筑施工、危险化学品、烟花爆竹、交通运输、民用爆破器材等高危行业进行监管，但是，影响安全生产的诸多深层次问题尚未解决。生产安全问题集中于事故，要把事故问题放在所有工作的中心位置，对事故预防、事故发生、事故救援、事故调查、事故处理等方面的关系或行为进行规制。通过运行机制、管理体制、投入保障、科技支撑、社会文化、全民意识等全方位的努力，全面加强安全管理，健全规章制度，完善安全标准，提高技术水平，夯实安全生产基础；增强依法依规进行生产经营的意识，把安全落实到生产经营各个环节；追求技术及工艺的安全化，增设必要的安全设施，对事故多发点、危险点、危害点严格控制，提高设备和设施的安全水平；引进国外先进的经验和管理机制，完善安全生产的自我约束和激励机制；强化员工的岗位操作技能，不断提高从业人员生产技术的操作能力和事故的应急处理能力。从而在生产经营活动中采取科学有效的事故预防和控制措施，防止和减少生产安全事故，保证从业人员的人身安全，保障人民群众的生命和财产安全，保证生产经营活动得以顺利进行，促进经济的良性发展。

（二）保障生活安全

生活安全问题关系人民生命安全、健康和社会的稳定。人们都非常关注食品安全、医疗卫生安全、公共交通安全、公共治安等问题，生活安全问题关系人民的生命健康和社会的和谐稳定。但现实生活中的安全问题时有发生，令人提心吊胆，防不胜防。所以，要充分认识生活安全问题的严重性和危害性，保障人民的生活安全，从而保障人民的生命健康安全。一要充分认识生活安全问题的严重性和危害性，增强工作紧迫感和责任感。生活安全的管理是政府履行市场监管的重要任务，是政府提高公信力的举措，是实现社会稳定的要求，是保障人民生命安全、健康的基础，是落实科学发展观、构建和谐社会、实现以人为本的重要内容。二要积极运用有效的安全文化建设手段，全面实行安全管理，建立责任制，及时进行安全检查。三要落实责任制和责任追究制，按照"谁管理，谁负责；谁签字，谁负责"的原则来追究事故赔偿责任。

第五节　政府规制的社会约束：绿色标准

　　社会性规制是以保障劳动者和消费者的安全、健康、卫生以及保护环境、防治灾害为目的，对物品和服务质量以及与之相关的各种活动制定的一定标准或规则。植草益认为社会性规制方式主要有"禁止特定行为；对营业活动进行限制；同时，还要以资格制度、检查鉴定制度，以及基准、认证制度来对禁止特定行为和限制营业活动做出补充"①。维斯库斯认为，健康、安全与环境这三方面的规制是针对我们环境中的风险、工作场所的风险和消费产品的风险而制定的，规制机构所做的努力主要集中在预防意外事故、控制风险方面。社会性规制的方式主要包括质量规制、安全规制和环境规制三个方面。质量规制主要是通过制定详细的质量标准、技术标准体系来实现；安全规制则是通过制定严格的生产生活安全标准实现；环境规制主要是通过制定合理的环境生态标准来实现。

一、质量规制

　　质量规制是政府对进入市场的产品的质量严格把关，对于不符合标准的产品严禁进入市场。质量规制既是保护消费者利益，也是维护市场秩序的规制手段。近年来，我国不断有劣质产品或缺陷产品损害消费者的事件见诸报端，劣质产品危害消费者权益的案件也屡屡发生，给消费

---

　　① ［日］植草益. 微观规制经济学［M］. 朱绍文，译. 北京：中国发展出版社，1992：287.

者造成了巨大的生命财产损失。低质劣质产品的泛滥反映了我国政府在质量规制方面存在的诸多问题与不足。因此，政府要针对市场信息不对称和产品质量存在的问题，制定和提供全面信息和科学标准，提升产品质量规制的有效性。一要完善质量规制体系。市场经济本身不能解决由市场失灵造成的农产品质量安全问题，必须依靠政府的参与来弥补市场自我调节的不足。我国政府在加强产品质量安全规制方面做了大量工作，在产品质量安全管理机构、示范推广体系、法律法规体系、标准体系、认证体系和检验检测体系的建设中取得了一定的成效。但是，我国目前质量安全的政府规制体系还不完善，需要进一步加强。加强质量安全法制和质量标准体系的建设和完善，既要修改和完善产品和服务质量标准体系，也要对修改后的《产品质量法》进一步补充完善，特别是要加强政府规制执法的力度以提高法律效果。二要制定绿色质量标准。我国加入 WTO 后，有权参加相关标准的制定。要本着贸易自由化和科学合理的原则，为建立公正公平的贸易环境而努力。要积极争取通过 ISO14000 国际标准认证，获取国际市场的通行证。适当借鉴国外采用的"食品企业 GMP 规范"和 HACCP 控制体系。争取获得贸易对象国及所属行业的绿色认证，比如美国电器产品的 UL 认证、加拿大的 CSA 认证、英国的 BSI 认证、德国的 G 认证、欧盟的 CE 认证和水产品的 HACP 认证等。进一步推行清洁生产，努力实施 ISO14000 环境管理体系的标准。借鉴国外先进经验，参与国际合作，向国际靠拢，让中国的环境标志产品走向世界。三要实施全程质量控制。综观全球农业生产与贸易，大多数国家尤其是世贸成员国都非常重视进口食品的安全性，对药残、污染等检测指标限制非常严格，检验手段已从单纯检验产品延伸到验收生产基地以至餐桌的全程监控。我国农产品质量安全事件频繁发生，主要有环境因素、技术因素、制度因素和经济因素的影响。所以，必须推行全程管理体系，重视产品质量安全的风险管理，建立产品质量安全溯源制度。通过制定保障产品质量安全的政策措施来引导、监督和管理产品生产者的生产行为，从根本上把事故隐患消灭在萌芽状态。四要加大对违法违规责任人的打击力度，严重者可以追究刑事责任。只有这样，才能保证人们的生活安全，维护国家和人民的长远利益，保障社会生产力的顺利发展。

二、安全规制

安全事故的发生主要有人的因素、环境的因素和物的因素等。我国在安全规制方面的建设是比较好的，一是规范安全管理体制。我国目前的安全管理体制是企业负责、行业管理、国家监察、群众监督、劳动者遵纪守法。2004 年印发的《关于进一步加强安全生产工作决定》（以下简称《决定》），2010 年发布的《企业安全生产标准化基本规范》（以下简称《基本规范》），解决了企业安全生产工作干什么和怎么干的问题，注重引导企业落实安全生产责任、做好安全生产工作；对安全生产工作提出了原则要求，设定了各项法律制度，重点指出要加强企业安全生产规范化建设，进一步促进安全生产法律法规的贯彻落实。二是明确安全生产标准。《决定》要求在全国所有工矿商贸、交通运输、建筑施工等企业普遍开展安全生产标准化活动，有效地形成对安全生产标准的共识。《基本规范》对"安全生产标准化"做出明确定义，为企业开展安全生产工作提供了基本要求和衡量尺度，成为企业加强安全管理的重要方法和手段。三是保证安全对策。2002 年颁布《中华人民共和国安全生产法》，2004 年实施《安全生产许可证条例》，2010 年下发《关于进一步加强企业安全生产工作的通知》，明确提出保证安全的对策。要求加大安全投入，明确规定生产经营单位应当具备安全生产条件所必需的资金投入，并对由于安全生产所必需的资金投入不足导致的后果承担责任；要求加强对职工的安全教育，规定未经安全生产教育和培训资格的从业人员，不得上岗作业；要求加强监督管理，排查安全隐患，保证作业场所硬性条件安全；要求落实安全责任，严格责任追究制度；要求把好行政许可关，高危企业只有具备了安全生产条件，才能取得安全生产许可证。当然，要降低和消除事故，保障生产生活安全，政府需要通过继续加强规制，采取安全教育、安全管理、安全评价等措施，提高人的安全意识和技能，规范人的安全行为；用立法形式严加控制设备设施标准，提高设备设施的安全水平；全面推进安全生产标准化工作，严格落实安全生产责任追究制度；不断健全应急机制，有效提高群众应对和处置突发事件的能力。

三、环境规制

近些年，我国政府在规制企业履行环境保护责任方面，虽然取得了一定的成绩，但是，仍然存在社会监督机制不健全，缺乏规制企业履行环境保护责任的相关法律法规以及一套规制企业履行环境保护责任的评价体系。因此，政府规制要体现正确的发展观和政绩观，推行政府环保目标责任制，完善政府规制企业履行环境保护责任的激励措施和约束机制，尽快完善规制企业履行环境保护责任相关的法律法规并认真贯彻执行，建立一套规制企业履行环境保护责任的评价体系。一是调整经济结构，统筹城乡环境保护。加强污水处理厂、收集管网和垃圾处理设施建设，从源头上减少污染排放。进一步调整农业产业结构，大力发展生态农业、有机农业；改进农业生产方式，科学使用农药，严格控制畜禽和渔业养殖污染；推进农村环境综合整治，推广应用沼气等可再生能源；防治土地沙漠化、石漠化，合理调节流域生态用水。二是协调推进区域环境保护。加强重点流域、区域的污染治理，搞好西部地区退耕还林、退牧还草、天然林保护和京津风沙源治理等生态工程建设，加大西部重点城市大气污染防治、江河上中游水污染防治力度。三是严格控制污染物排放总量。根据《中华人民共和国清洁生产促进法》积极推行清洁生产，淘汰落后工艺、技术、设备和污染严重的企业。严格环境准入制度，禁止建设资源消耗大、污染严重的项目。加大城乡生活污染治理力度，提倡绿色生产生活和文明消费方式。四是进一步加强国际环境保护方面的合作，引进国外先进技术和管理方法，促进国内环境保护事业跨越式发展。一如既往地积极参与国际环境事务，履行国际环境公约，为解决人类面临的环境与发展问题做出贡献。加强环境技术和管理经验的国际传播与合作，促进全球范围内资源的合理利用，促进环境保护与国际贸易共同发展。五是加大环保执法力度，提高违法成本，降低守法成本。长期以来，由于我国环保法规大多存在出台时间早、内容滞后、惩戒力度小等不完善之处，使得一些企业有恃无恐，宁愿交罚款而不愿选择治理污染；个别企业甚至将违法排污作为降低成本、追求最大利润的捷径，出现"守法成本高，违法成本低"这种令人担忧的现象。所以，只有结合环境保护法和刑法，对造成严重环境污染事件的责任人，追究刑事责任，同时要求高额赔偿经济损失，才能从根本上遏制污染事件频频发生，扭转环境保护被动的局面。

第六节　政府规制的社会底线：绿色壁垒

绿色壁垒是指在国际贸易领域，一些发达国家凭借其科技优势，以保护环境和人类健康为目的，通过立法制定繁杂的环保公约、法律、法规和标准、标志等，对国外商品进行的准入限制。绿色壁垒具有两重性：一是某些发达国家用来限制从发展中国家进口商品的一种手段；二是保护全球环境和人类健康以及实现经济可持续发展的一种手段。目前我国的环保意识仍只停留在污染的末端治理上，因此，需要通过政府规制树立从产品设计到生产过程乃至废弃物回收再生利用的全过程绿色意识，避免绿色壁垒带来的负面影响。

一、绿色壁垒的存在

绿色壁垒的产生是环境保护的国际需求以及国际贸易发展的必然产物。一方面，绿色壁垒以保护地球生态环境、自然资源和人类健康为目的，完全符合人类发展的趋势，符合人们不断提高生活质量的要求。随着各国经济的高速增长，全球环境问题日益加重。在生态环境的承受力达到极限时，人们逐渐认识到保护环境是人类共同的责任，必须采取共同的行动，促使国际社会掀起强劲的环保浪潮，这为绿色壁垒的存在提供了合理性。另一方面，国际组织 GATT 于 1972 年 11 月设立了"环境措施与国际贸易工作组"，世界贸易组织于 1994 年 4 月成立了"贸易与环境委员会"，协调贸易措施与环境措施之间的相互关系。《关贸总协定》和《技术性贸易壁垒协议》中的一些具体规定也赋予了各成员国为保护环境而采取必要的绿色措施。《关贸总协定》规定："本协定的规定不得解释为禁止缔约国采用或加强以下措施，但对情况相同的各国，实施的措施不得构成武断或不合理的差别待遇，或构成对国际贸易的变相限制……（B）为保障人民、动植物的生命或健康所必需的措施……（G）与国内限制生产的消费的措施相结合，为有效保护可能用竭的天然资源的有关措施……"《技术性贸易壁垒协议》在序言中阐明："不应阻止任何国家在其认为适当的程度内采取必要的措施，以保护人类、动物或植物的生命或健康，保护环境。"这些有关规定又为绿色壁垒的实施提供了合法性。

二、绿色壁垒的影响

绿色壁垒随着社会经济发展的需要在不断调整和补充，出现了层出不穷、多种多样的绿色措施，涉及环境保护、人类健康、生物多样性、动植物安全等多个领域。绿色壁垒所管辖的对象范围越来越广泛，它不仅对产品本身提出绿色环保要求，还对产品的设计开发、原料投入、生产方式、包装材料、运输、销售、售后服务，甚至工厂的厂房、后勤设施、操作人员的医疗卫生条件等各个环节提出了绿色环保要求。绿色壁垒技术复杂、隐蔽性强、扩散效应大、影响面广，已成为制约我国出口发展的严重障碍。绿色壁垒对我国出口市场份额、贸易机会、企业和商品信誉等方面都产生了不利影响，导致国外消费者对我国部分产品尤其是农产品食品信心下降，造成很大的负面影响。

（一）削弱出口产品国际竞争力

发达国家通过建立严格的环境技术标准，制定烦琐的检验、审批程序等方式来对进口产品设置贸易障碍，使我国出口产品成本大为增加，削弱了一些类别产品的国际竞争力。我国劳动力低廉，在国际市场上具有较强的比较优势，具有明显的价格空间。但是，加入 WTO 后这种优势在逐渐被抵消。特别是近几年在反补贴措施的影响下，一些发达国家通过对我国出口产品征收"绿色关税"，使这些产品在激烈的国际竞争中丧失价格优势。

（二）引发贸易摩擦

发达国家以保护环境为名经常采取单方面的贸易措施，限制外国商品的进口，由此引发的双边或多边贸易摩擦日益增多。比如在食品领域，2000 年 7 月欧盟提高了茶叶的检测标准，从原来的 26 种农药检测标准增加到 62 种，部分检测标准提高了 100 倍。美国、加拿大、澳大利亚、俄罗斯、日本也提高了对中国茶叶的进口壁垒。当前世界经济区域化和集团化趋势不断加强，而发达国家的环保水平和标准比较接近，成员国之间存在的差距也日渐缩小。因此，发达国家可以通过区域自由化贸易的形式，以低于区域环境标准为由，将来自区域以外的产品包括中国的产品排斥在巨大的区域市场之外。

三、绿色壁垒的应对

发达国家之所以能够建立起符合严格环境标准的产业体系，并运用绿色壁垒来阻挠发展中国家的商品出口，一个重要的原因就是日渐高涨的公众环保热情和环保要求。所以，我们要应对绿色壁垒，保护国家与其他市场主体的利益。我们要加强全民环境教育，提高环境意识，树立"善待生命、善待自然"的伦理道德观，倡导绿色消费和绿色生活方式，摒弃"奢侈浪费、污染环境"的生活方式和消费理念；积极顺应绿色潮流；完善环境法规；推行国际标准；发展绿色产业；制定扶持政策。

（一）提高环境意识

加强环境宣传教育，提高全社会的环境意识。通过新闻媒体对"绿色壁垒"及时进行正面的、积极的宣传、教育和引导，提高全社会对绿色贸易壁垒的紧迫感，把绿色贸易壁垒给我们带来的挑战和机遇变成全社会的动力，使全社会的每一分子都认识到应对绿色贸易壁垒的挑战，既是我国经济自身生存和发展的需要，也是进入世界经济大家庭参与竞争的需要。同时，及时对外进行信息发布与宣传，扩大对外交流，改善与进口国的贸易关系，在相互信任、互惠互利的基础上，加强交流和合作，力争得到部分进口国的免检待遇，在国际上树立绿色形象。

（二）积极顺应绿色潮流

大多数国家施行贸易标准及其相关制度，仍然体现了保护生态环境，促进人类健康的良好愿望。利用这些国际规范条件派生出来的不合理的国别环境标准以及以此为依据设置的贸易障碍才构成绿色贸易壁垒。当国际绿色贸易大潮滚滚而来时，任何国家都很难置身其外。作为发展中国家的中国，要冲破绿色壁垒，必须顺应这股绿色潮流。我们反对的是滥用绿色贸易壁垒的不正当行为。我国农产品因有害物质超标而被对方国家拒绝入境之类的事件，不能认为是对方故意设置绿色壁垒。

相反，应当及时转变观念，重新审视发展与环保的关系，制定出口可持续发展战略，推动企业开发绿色产品，加速技术进步与产业升级。要继续深化对"绿色壁垒"的认识，准确把握其实质，明确应对的指导思想和措施。要密切注意、跟踪欧盟等在建立"绿色壁垒"方面的最新动态，提供必要的预警信息，及时向相关生产、贸易企业发布，并建立相应的快速反应机制。广大企业应抓住机遇，顺应环保时代发展绿色化的潮流，树立绿色营销观念，实施产品绿色化战略，在产品开发、制造、包装、营销、服务等各个环节都切实地把环保要求纳入企业的决策要素中，做到在研发环节上开发绿色产品，在广告上突出绿色效应，在公共关系上积极开展环保公益活动，在营销渠道上选择绿色企业，在供应链上选择绿色伙伴，在市场上寻找绿色消费者。实现满足企业利益、消费者需要和环境利益的营销方略，在环保时代求得生存和发展。

（三）完善环境法规

建立健全环境保护的法律、法规，强化环境执法，真正实现环境成本内在化。从环境税收立法入手逐步完善各项环保法规，使之向绿色产业倾斜，鼓励清洁生产；环境立法应以预防为主，强化监督管理，尤其是政府的监督管理职能，对经济活动中的违反环境法规的行为要依法严惩。政府的职能部门和相关行业机构应加强与国际组织、其他国家的认证机构的合作，积极推进我国的环保立法，健全环保标准。我们应密切关注国际环保标准的变化，及时掌握信息，进行可行性研究，通过立法程序将国际标准化为国家标准。这样一方面可以提高我国家电产品的环保标准，另一方面可以将对我国生态环境造成不利影响的国外产品挡在国门之外。要建立一套绿色保障制度体系，在推进清洁生产的过程中，注意处理好清洁生产工艺技术与成本间的关系，客观环境保护与降低生产成本的"双赢"。

（四）推行国际标准

在适合国情的基础上，尽快与国际通行的环境标准管理制度相衔接，积极进行环境标准认证和实施环境标志产品制度，尽快建立我国的绿色贸易壁垒技术指标体系。加强基础性科学研究，加大对检测技术设备和相应的检测技术人员队伍建设的投资，积极进行环境标准认证和实施环境标志产品制度，尽快建立我国自己的绿色贸易壁垒技术指标体系。同时加强与周边国家的合作，使我国环境技术指标体系在适合国情的基础上，努力与国际接轨。加入 WTO 后，面对贸易国设置的"绿色壁垒"，我国出口企业需要全面开展有关的绿色认证工作，推行环境标志制度。我国出口产品目前主要还是纺织品、农产品以及一些原材料，技术含量和附加值都很低。为了减少别国借环保之名行限制我国产品出口之实的行为，我国应尽快与国际通行的环境标准管理制度相衔接。要积极推行 ISO14000 国际标准，加强对出口产品从设计到生产过程直至回收再利用的绿色方案的实施。尽管目前 ISO14000 标准认证代价不菲，给企业造成了一定的负担，但是实践证明通过建立、实施环境管理认证体系，可以从源头上控制污染的产生，节能降耗，减少污染处理费用，反而会给企业带来综合的社会和经济效益。二要积极实施环境标志产品制度，让更多的出口商品在开展环境标准认证的基础上，进一步扩大环境标准产品的范围，使更多的出口商品超越"绿色壁垒"，获得国际产品出口的通行证。

（五）发展绿色产业

提高我国贸易的质量，优化贸易结构，其中使产品符合环境标准是提高出口产品质量的重要因素。一要重视科技投入，发展绿色产业。既然绿色贸易壁垒是我国企业无法回避的贸易问题，那么，利用绿色贸易壁垒带给我们的启示，提高我国产业的环保标准，发展绿色产业，实现体现人性化的生产和管理以及服务过程，就成为未来企业发展的方向，政府应该从宏观上给予企业相应的引导和支持。二要以环境标志为引导，提升工业制成品的质量。工业制成品质量的提高是突破国际市场绿色壁垒的关键。因此，应该在有条件的企业和产品中，推广环境标志的认证工作，以环境标志为引导，提升工业制成品质量。三要结合ISO14000标准，促进环境友好产品的出口贸易 。ISO14000系列环境标准作为一套科学有效的环境管理标准，其实施已成为国际潮流。在我国ISO14000管理体系的实施才刚刚起步，需要进一步发展和推进。因此，要尽快配置环境管理的硬件设备和完善各种法规，积极推行ISO14000，使更多的企业生产符合国际环境标准要求，促进其产品进入国际市场。

（六）制定扶持政策

从社会整体利益出发，通过提供直接或间接的经济激励手段，在投资、信贷优惠、税收优惠、出口退税等方面对绿色环保技术，产品的创新、开发、生产和使用给予一定的政策鼓励和倾斜，从而引导和鼓励企业开展清洁生产和资源的循环利用，进行相关的技术改造，拉动循环经济的发展。制定专门的绿色专利保护制度和实施程序，激发企业的创新动力，促进区域产业结构调整和升级，使绿色技术创新成果发挥最大的社会和环境效益。一是产权激励。技术创新成果是一种容易"免费搭车"

的共享性产品，绿色技术创新成果同样不能幸免。受计划经济体制的影响，长期以来企业没有真正成为商场竞争的独立利益主体，因而很多企业的专利意识还很淡薄，不善于运用专利武器来保护自己的绿色技术创新成果。所以，制定专门的绿色专利保护制度和实施程序，既可激发企业的创新动力，又能使绿色技术创新成果发挥最大的社会、环境效益。二是金融激励。《中国21世纪议程》指出："对中国老企业污染进行治理，费用至少需要人民币2000亿元左右。单靠企业自身筹集这样一笔资金是有困难的。"因此，政府的财政政策应尽可能为解决这一难题而创造条件，通过对企业和相应科研机构的直接拨款和信贷优惠，加大资金投入力度，为企业绿色技术创新铺平道路。三是财政激励。为了保护环境资源、促进可持续发展，国家可凭借其权力对一切开发、利用环境资源的单位和个人，按照其开发利用自然资源的程度或污染、破坏环境资源的程度征收环境资源税，使其得不到高额利润，而不得不调整其产品结构，进行绿色技术创新。通过政策调整，使得循环利用资源和保护环境有利可图，使企业和个人对环境保护的外部效益内部化。按照"污染者付费、利用者补偿、开发者保护、破坏者恢复"的原则，大力推进生态环境的有偿使用制度。四是投资和消费激励。投资方面引导资金向清洁生产相关的技术改造项目及行业流动，促进区域产业结构调整和升级；在投资政策和项目选择上，对投资方向的鼓励和限制上，向产业结构调整和升级的方向倾斜；消费方面政府通过对环境和资源的宣传教育，可以通过政府采购引导公众消费绿色产品，从而不仅可以创造新的消费热点，拉动消费，而且还可更有效地引导绿色生产，以需求拉动循环经济的发展。

第六章

政府规制的道德性维度

政府规制的可能性和有效性需要多种规制方式共同发挥作用，其中道德作为一种软规制方式的规范调整作用是不可忽略的。公共权力强调其目标是实现社会公众的公共意志，追求社会公共利益的最大化。公共权力的本质和制度设计都是基于"公共利益"这个最高目标，这是体现公共权力的一种价值追求。通过公共权力提供一种规范性和公正性的制度与秩序，调整维持社会经济的健康发展。不过，政府的道德性规制必须具有一个科学的维度，具体表现为价值共识的道德基础、公平正义的道德尺度、友善共利的道德目标、诚信责任的道德要求、自律他律的道德约束和维护公益的道德底线。

第一节　政府规制的道德基础：价值共识

马克思主义认为，价值是揭示外部客观世界对于满足人的需要的意义关系的范畴，是指具有特定属性的客体对于主体需要的意义。价值观是人们对于某类事物的价值的基本看法和总的观念，价值观的内容一方面表现为价值取向和价值追求，另一方面表现为价值尺度和评价标准。从人的个体角度来说，价值观是人心中的一种深层的信念，在人们的价值活动中发挥着行为导向、情感激发和评价标准的作用；从社会的整个角度来说，价值观是社会文化体系的内核和灵魂，代表着社会应该提倡什么、反对什么的规范性判断。价值体系是由"一定社会崇尚和倡导的思想理论、理想信念、道德准则、精神风尚等因素构成的社会价值认同体系"①。一定社会的价值体系往往总是复杂多元的，因而呈现出价值体系多元并存的态势。由于价值观的相对独立性，价值认同体系是一定社会上层建筑运行的根本指导思想。为了能够维系这些关系，社会形成了不同的公共权力机构。社会价值体系一方面通过对国家机器的反馈，特别是对国家立法机关、司法机关与政府机关的反馈，促进执政者通过完善国家机关的职能来缓和各种矛盾；另一方面，通过教育部门引导不同利益群体追求利益的方式与行为；再一方面通过对社会道德、伦理、信仰、理想、品德等进行整合，以形成一种社会成员普遍认同的价值规范体系，以约束人们在经济行为中的异化问题。

一、公共权力塑造道德的形成

从表面上来看，道德与规制似乎没有什么直接的关系，实际上两者存在着密切的联系。政府规制目标的多元性，决定了政府规制过程不仅要考虑促进经济的发展，还要考虑追求社会的和谐和维护政治的稳定

---

① 韩震. 社会主义核心价值体系研究［M］. 北京：人民出版社，2007.

等。同时，政府规制过程不可避免地受到价值观、意识形态、政治制度等因素的影响。因此，政府规制的有效性需要一个良好的微观基础，也就是微观经济主体遵守法律和道德的习惯。但是，由于我国市场经济实践时间不长，市场规制正处于逐渐规范的过程中，个人、企业和组织还缺乏遵守法律和道德的习惯。所以，通过一定的规制手段可以逐渐规范微观经济主体行为，可以帮助个人、企业和组织养成遵守法律与道德的习惯。公共权力是政治行为的主要工具，权力运作结果对整个社会的道德风气状况具有决定性的影响。正如阿克顿所说："绝对权力会败坏社会道德。历史并不是由道德上无辜的一双双手所编织的一张网。在所有使人类腐化堕落和道德败坏的因素中，权力是出现频率最多和最活跃的因素。伴随着暴虐权力而来的往往是道德的堕落和败坏。"① 这从反面来表明权力对于社会道德的影响。不过，我们也应该看到公共权力带动广大社会成员实现道德自律的普遍化。虽然公共权力来源于社会公众，但是，在任何社会中，掌握权力的总是为数不多的一部分人，因为他们处在一种直接支配社会资源配置的位置上。掌握着公共权力的一小部分人的道德状况，其道德行为和道德风貌不仅为一般的社会公众所关注，而且会直接对社会大众起示范和导向作用，影响着民德和民风。正如孔子所言："君子之德风，小人之德草。草上之风，必偃。"(《论语·颜渊》)这是说掌有权力的人应重视德政，爱好礼仪，清正廉洁，极少贪利之心。一旦做到这一点，就能促使一般社会公众学礼仪，讲礼貌，正

---

① ［英］阿克顿. 自由与权力［M］. 侯健，范亚峰，译. 北京：商务印书馆，2001：342.

风俗，正所谓"其身正，不令而行；其身不正，虽令不行"（《论语·子路》）。

二、道德规范公共权力的运行

在现代社会，公共权力运行的过程本身也是一个道德评价和道德导向的过程，道德舆论与道德标准在时刻规范着公共权力的合理合法有效运行。康德将道德归结为"内在性"，与法律规范的"外在性"相对。他认为法律调整人们的外部行为，道德则只支配人们的内心活动的动机。但是，道德不只是隐藏于内心的信念，还是"良心"与"德行"的统一，必定要表现为外在行为。人类社会的发展历程表明，公共权力受道德约束具有普遍性，不同时期的管理者对道德规范的约束作用都给予了足够的重视。古希腊著名的思想家亚里士多德特别重视对政治至善性的追求，他认为"最好的政体是本来意义上的贵族制：公开致力于追求美德的统治集团的纯粹统治"①。中国历代统治者及其思想家总是极力倡导道德约束权力，并努力建立道德信仰以唤醒掌权者的知耻之心，促使其在对声名信誉的追求中实现人格的升华，从而在行使手中的权力时能够主动使自己的行为合乎道德标准。比如，孔子强调"政者，正也"（《论语·颜渊》）。表明权力要为谋取众人之事服务，不要偏向于从政者个人私利一方；一切掌权者都应本着公正的原则，正直地做人，在其行为中做到公正、廉洁、为公、爱民。掌权者注重个人德行，自觉接受道德的约束，也是其个人价值实现的普遍途径，所谓"大德

---

① 俞可平．西方政治学名著提要［M］．南昌：江西人民出版社，2000：21．

必得其位，必得其禄，必得其名，必得其寿"（《礼记·中庸》）。如果相反则会失其位，失其禄，失其名，失其寿。

三、政府规制与道德是一种互动关系

政府规制与道德之间存在着一种双向互动的关系，两者作为现代社会协调社会与经济关系的两种重要力量，其良性互动将对维持和谐的社会关系和良好的社会秩序以及实现社会的公共利益发挥重要作用。一个社会要实现公平正义，制度安排与规范建设是必不可少的，这是具有根本性意义的。但是，一个缺少公平正义价值精神的制度与规则是无法发挥规范性效应的，它必然需要道德在具体操作层面上来维护社会正义的基本价值。市场经济中微观经济主体是最基本的市场主体和最重要的经济力量，其经济活动的意义不仅仅是单纯的盈利活动，而是影响社会生活的社会性活动，特别是对于大型的上市公司、跨国集团来说更是如此。为了维护社会公正和公共利益，需要政府将微观经济主体的经济行为约束在有利于整个社会公平正义有序的范围内。一方面，社会公平正义的终极目标需要全社会共同努力，微观经济主体应该自觉遵守规制和承担应当的社会责任，以实现社会公平正义；另一方面，保护微观经济主体需要公平竞争的市场机制和公正的社会环境，政府作为规则的制定者和裁判者，必须维护市场竞争秩序，防止发生侵害行为，保护微观经济主体的合法权益，使微观经济主体在一种健康、有序的市场环境和公正的社会环境中最大限度地实现自身利益和社会利益。

第二节　政府规制的道德尺度：公平正义

市场经济肯定利益，追求利益，通过经济利益的实现推进社会发展进步。但是，在马太效应和优胜劣汰原则的影响下，市场倾向于产生不公平和两极分化。因此，"市场需要有一定的位置，但市场又需受到约束"，否则市场的金钱尺度这个暴君"会扫尽一切其他价值"①。政府规制必须保证公平正义价值的彰显，充分体现社会公共要求，契合社会公共理性发展方向，保障社会整体秩序的正常运转，保障差异主体在公共生活中的真实平等性以及权利与义务的平衡。政府道德性规制的意义就是要解决个体营利性与社会公益性的矛盾，兼顾效率与公平，促进社会与经济的协调发展；体现公平正义，追求公平正义，实现公平正义。

一、追求公平

所谓公平，《新帕尔格雷夫经济学大辞典》解释为"接近于均等或公正的意思"。随着政治、经济、文化和社会的发展，人们对公平的认识不断深化，公平的内涵越来越丰富，公平的外延越来越宽泛，公平的标准越来越高，公平的范围越来越大，公平的对象越来越多。公平包括初始条件、形成过程和分配结果在内的全过程公平；劳动力、智力、管理、知识产权和资本等生产要素公平在内的全要素公平。人们的认识已

---

① ［美］阿瑟·奥肯. 平等与效率［M］. 王奔洲，译. 北京：华夏出版社，1987：105.

由结果公平发展到同时考虑结果公平和机会公平两个维度；由主要考虑经济领域的机会公平和结果公平，发展到同时考虑与政治、社会和文化等紧密相关的理念公平、规则公平、程序公平和法律公平等。政府道德性规制要做到理念公平、规则公平、程序公平、机会公平、法律公平和结果公平等。

（一）公平的制度要求

人类文明的总趋势是社会越来越公平，政府规制必须确保其投入产出关系的动态最优。所谓社会公平的动态效果最大化，就是指随着时间的推移或变化，由政府规制的边际投入所带来的社会公平的边际产出越来越大。社会主义制度关注公平，能够及时随着生产力的发展以及由此所决定的经济和社会的发展，调整政府规制的原有设计以提高已有的社会公平水平。《中共中央关于构建社会主义和谐社会若干重大问题的决定》正是在中国发展的新阶段上所做出的寻求更高水平和更合理的社会公平的政府规制体系。虽然现阶段我们还不能做到从根本上解决公平问题，甚至不能从根本上解决收入和分配差距过大的问题，但是，只要这种不公平能够控制在可以接受的界限内且能够保证在长期收入和分配差距会越来越小，便能够使社会公平可持续，这就是一种动态效果最大化的社会公平以及政府规制设计和安排。因此，政府需要追求一种动态效果最大化的社会公平的制度设计和安排，努力做到综合运用法律、经济、社会、行政、道德等手段，抑制收入差距、贫富差距的扩大，重点解决好合理税负、改善困难群众的生产生活、加快欠发达地区的发展、缩小城乡收入差距、增加就业等直接关系利益协调的各种问题。

（二）公平的政府规制选择

在人类文明历史中，公平作为人类构建有序社会的基本原则，一直被作为解决社会各种矛盾纷争的基本价值准则得到普遍认同，社会主义在理念和制度上优越于资本主义主要就是体现公平。我们党从提出收入分配要"体现效率优先、兼顾公平的原则"，到要求构建和谐社会必须"更加注重社会公平，使全体人民共享改革发展成果"，再到全面阐释"更加注重社会公平"的精神实质和具体内容。从中可以看出，社会公平的政府规制理应包括界定政府、企业和中间性经济组织等各类经济主体应有的法律地位，尤其是要确保微观经济主体在市场中拥有公平竞争的主体地位，赋予微观经济主体同一的国民待遇，破除行政性垄断，保证理念、规则、程序、机会、结果和监督等的"全过程公平"和劳动力、智力、管理、知识产权和资本等的"全要素公平"，维护正常的市场竞争秩序，保护被规制主体的合法权益，使被规制主体能够开展既公平又充分的竞争，同时在这一过程中避免社会公平与效率的对立问题，从而真正弥补"市场失灵"。

（三）合理优化规制

随着社会经济的发展，社会应当越来越公平。我们必须通过更有助于社会公平的政府规制的制定和监督实施来实现，必须对原有的社会公平水平进行调整并使之向更高水平迈进。因此，政府规制乃至整个政府的规模应当有一个合适的限度，其结构应当合理化和优化。具体而言，由于政府所掌握的信息有限，通过政府规制所提供的社会公平与人们所需要的社会公平可能存在着数量规模、品种结构等各方面的不均衡；社会公平的生产是借助具有强制性的政府规制而实现的，这就难免使许多公众需求信息和利益要求得不到充分体现，或者因得不到公众的充分理解短期内难以被彻底实施。我们必须为社会公平目标设计一个最有效的政府规制方案和一个相应的政府规制监督实施方案。传统计划经济所造成的"大锅饭"式的平均主义的所谓公平分配，是超越现实的社会公平。改革开放以来，我国政府规制正朝着既促进社会公平又最大限度地提高效率的目标迈进。当然，在这一过程中，也存在着将社会公平与效率人为对立，片面注重经济效率，特别是片面注重微观经济效率的问题。

二、坚持正义

正义实质上是对人类社会关系的公平性、正当性的确认和捍卫，正义通常采取法律形式、经济形式、政治形式和道德形式来表达。但是，正义不是绝对平均、完全平等，而是存在差异和区别的相对公平。进入文明时代以来，正义一直是人们追求的基本价值目标，是法律和道德的底线。

（一）正义是道德的本原诉求

罗尔斯在《正义论》中指出："正义是社会制度的首要价值，正像真理是思想体系的首要价值一样。"① 罗尔斯毕生追诉的社会正义的精神价值理念，不仅是现代社会制度的灵魂所在，而且是良序社会与诚信社会最核心的价值范式。社会正义的价值精神，正是通过对社会身份下

---

① ［美］罗尔斯. 正义论［M］. 何怀宏，廖申白，译. 北京：中国社会科学出版社，1988：3.

的人在物质资源、社会地位获取和在价值标准上的"不公正性"的摒弃，使制度规范获得了"合法性"前提。只有当制度的正义性能得以恒久维系时，诚信社会的建构才有了基本保障。道德正义是以德性和良心的形式来表现社会关系的规定性，它通过伦理规范的方式来确认和维护各类市场主体的伦理权利和道德义务。道德正义是法律正义、经济正义和政治正义的前提和灵魂，是社会正义的理想和目标。正义在现阶段我国道德规范体系中起着结合奉献原则与功利原则的作用，符合市场经济的个体性、求利性和法制性等特点，其实现具有必要性和可能性。正义的制度规范要真正发挥作用，需要人们广泛地达到对正义的道德意识的自觉性。所以，在正义实现的理念上，要协调好制度理性与道德理性的关系，充分发挥道德的调节作用；在正义实现的方法上，要结合好道德的自觉性与制度的规范性。

（二）正义是政府规制的道德追求

政治学和伦理学都是实践的学问，"实践的研究，即关于人可以实践、可以获得善的研究，包括伦理学和政治学这两个相互联系的科学"①。公共权力问题是现代政治学研究的一个重要内容，而道德是伦理学（或道德哲学）关注的主要问题②。政治作为一种社会关系现象，同样是一种伦理现象，公共权力的性质决定了它以实现正义为伦理目标。正义是公民对社会的道德要求，公共权力的目标是实现公共意志，追求公共利益的最大化。所以，政府规制必须把公平、正义等社会伦理

---

① ［古希腊］亚里士多德. 尼各马可伦理学［M］. 廖申白，译. 北京：商务印书馆，2003.

② 韩升. 伦理与道德之辨正［J］. 伦理学研究，2006（01）：91.

目标纳入自己的视野，制度安排必须体现社会正义性的品质，公正合理地协调各种利益关系。通过公共权力的运行来提供一种体现合乎理性和公正性的制度与秩序，并保证这种合理公正的制度与秩序发挥规范和约束社会经济行为的作用，调整和维持社会经济生活的基本秩序，促进和保障社会公共利益的实现。

第三节　政府规制的道德目标：友善共利

政府规制中最值得关注的就是社会利益协调和追求友善共利。政府通过一定的基本道德要求，平衡大量社会利益和协调矛盾；通过公共权力调整社会关系，维护良好的社会秩序。这个目标就其道德指向和伦理归宿而言，就是友善共利的实现。亚里士多德认为"所有事物都以善为目的"，公共权力自然也不例外。亚里士多德还认为善有两种：具体的善和最终的善。具体的善是一个具体的目的，即为"某种善"，是指某个种属的事物中被看作好事物的东西，或称为"善事物"，指某种善的复数形式，即多种被看作好东西的事物；最终的善也可以称为终极的善或总体的善或"最高善"①。

一、政府规制的道德归宿是追求友善

友善是公民道德的基本规范之一，以友善的态度对待各种社会关

---

① ［古希腊］亚里士多德. 尼各马可伦理学［M］. 廖申白，译. 北京：商务印书馆，2003：3－4.

系，社会才能充满善意、善良、善举。友善地对待每一个人，是成功者的人生准则。只有友善才能激发人性的光辉，使美的事物深入心灵；只有友善才能使人的品质升华，使生命充满欢乐。公共权力运行在理念层面应该始终体现追求幸福的终极目的，现实中应该体现最终指向是实现社会和谐，在实践层面应该以实现友善作为道德追求和伦理归宿。亚里士多德认为，"它（最高善）是最权威的科学或最大的技艺的对象。而政治学似乎就是这门最权威的科学。"① 既然所有的知识与选择都在追求某种善，那么政治学所指向的目的是什么，实践所能达到的那种善又是什么？毫无疑问，作为政治学主要研究对象的公共权力理应将幸福作为"最高善"来追求。亚里士多德还在《尼各马可伦理学》和《政治学》中为后人确立了关于善、幸福、正义等基本的实践原则，这也成为我们现代伦理行为和政治实践的基本理念和价值规范。在一定程度上而言，政治学的研究就是对公共权力运行过程的描述和规制。正如孙中山先生所言，政就是众人之事，治就是治理，所谓政治也就是治理众人之事。这种治理的实现主要靠公共权力的运作，而这种运作必须依据和贯彻一定的价值理念和道德标准。因此，从伦理道德意义上来说，政府规制的过程就是公共权力运行的过程，而这种运行过程所要依据和贯彻的价值理念和道德标准就是友善。

二、政府规制的道德指向是实现共利

公共权力应致力于社会个体成员权利、社会公共利益的保证和维

---

① ［古希腊］亚里士多德. 尼各马可伦理学［M］. 廖申白，译. 北京：商务印书馆，2003：5 - 6.

护，这是权力运行的基本法则。政府的道德性规制的目标之一就是促使和保证被规制主体在追求各自利益的过程中相互获得利益最大化并扩大共同利益。权利是指一种资格，标示主体具有某种行为的自由，是公共权力得以产生的合法性来源。权利的特征是主张"我可以"，但是"可以"不等于"能够"；要实现权利，尤其是权利行使受到阻碍时，需要一定的强制力即权力来保证实现。罗尔斯给出了社会的基本结构的两个原则。"第一个原则：每个人对与其他人所拥有的最广泛的基本自由体系相容的类似自由体系都应有一种平等的权利。第二个原则：社会的和经济的不平等应这样安排，使它们被合理地期望适合于每一个人的利益；并且依系于地位和职务向所有人开放。"我们一般把第一个原则称为平等自由原则，把第二个原则称为机会的公正平等原则和差别原则的结合，其中第一个原则优先于第二个原则，而第二个原则中的机会公正平等原则又优先于差别原则。其中，第一个原则主要确保公民的平等自由权利。而"第二个原则大致适用于收入和财富的分配，以及对那些利用权力、责任方面的不相等或权力链条上的差距的组织机构的设计"①。作为具体的社会制度和社会结构的组织和安排力量的公共权力，理应致力于在运作的过程中保证社会成员的个体权利，确定个体权利之间的准确而合理的界限，保证社会行为的有序和社会发展的和谐，这就是公共权力道德追求和伦理归宿的实践层面的具体的善的实现。

---

① ［美］罗尔斯．正义论［M］．何怀宏，廖申白，译．北京：中国社会科学出版社，1988：61.

第四节　政府规制的道德要求：诚信责任

诚实守信是社会的一般道德标准和职业准则，社会责任是经济主体和经济行为基本的社会要求。随着市场经济的发展，诚信与责任已经融入社会生活与经济活动的各个层面，成为规范经济行为、维护竞争秩序和协调不同利益主体关系的原则之一。政府的道德性规制要求被规制主体具有诚信责任理念和信用风险意识，坚持提供优质产品和服务，坚持公平和正当的商业竞争，坚持维护利益相关者的合法权益，坚持保护环境资源和参与公益事业等方面的社会责任。

一、引导被规制主体坚守诚实信用

诚信在我国历史上不仅是一个道德命题，也是一个古老的政治学话题。诚实守信对一个国家和政府来说是体现一种国格，对一个企业或组织来说是一种形象和品牌，对一个人来说是一种道德信念和基本品格。微观经济主体的经济活动在带来丰厚利润的同时，也蕴含着巨大的市场风险，这种风险主要来源于自身在社会中的诚信度。诚信缺失会引发人们对微观经济主体的"信任危机"，诚信度愈高，风险愈小，反之，则愈大。诚信作为现代社会的基本伦理道德要求，要求政府规制必须引导被规制主体在一切经济行为中，坚持以诚信为核心的价值观，自觉遵守基本的经济行为规范。

（一）坚持以诚信为核心的价值观

在古代中国的语词中，诚信更多的是指一种道德价值判断。在

《说文解字》中，"诚"与"信"互训，其意义是相通的。在现代汉语中，往往将"诚"与"信"合用，即"诚信"。所谓诚，即诚实，就是实事求是，不讲假话。所谓信，即践诺，就是履行自己的诺言，讲信誉，重信用，不逃避自己应承担的责任和义务。孔子提到诚信的最低标准就是"言必信，行必果"（《论语·子路》）。诚信作为现代社会的基本伦理道德要求，体现为个体的一种道德品行和社会行为的一种普遍的伦理要求。诚信作为现代社会的基本文明理念和道德价值范式，反映出一个社会的道德水平，彰显出一个社会民众的道德情操与精神世界，折射出一个社会的制度文明与公正程度，是社会文明进一步优化和持续发展不可或缺的精神条件。因此，政府规制必须引导市场主体在一切经济交往活动中，坚持以诚信为核心的价值观，自觉遵守基本的经济行为规范。

（二）建立政府制度信用

我国自古以来就讲求以诚立业、以诚取人，并以此作为经济交往和做人处事的准则。但是，诚信问题已经成为制约我国社会和经济发展的重要因素。世界贸易组织前总干事穆尔指出，中国进入世界贸易组织后，从长远看，最缺乏的不是资金、技术和人才，而是信用，以及建立和完善信用体系的机制。政府的信用基础是制度信用。制度信用的关键是完善规制法规，明确规定政府的权限，严格限定政府在改变制度和政策方面的权力，保证依法执政、依法行政；完善政策损害的行政诉讼制度；树立法律的权威，保持法律的稳定性、制度的稳定性和政策的可预期性。

（三）建设市场主体信用制度

诚信作为一种经济、文化、社会理念，已经成为市场经济社会中的核心理念之一，涉及自然人、市场主体、团体、行业乃至整个国家之间的关系协调，处理不好，会影响社会的发展与稳定。完善市场主体信用体系是规范市场秩序，促进社会经济健康发展的治本之策。市场经济实践昭示：倡导诚实守信、建立健全社会的信用制度，是建立社会主义市场经济秩序、促进市场公平竞争的必备基础。市场主体信用体系是社会信用体系的重要组成部分，也是整个社会信用体系建设的基础。建设市场主体信用制度是营造诚实守信的社会氛围，推进商业诚信体系建设、规范市场经济秩序的重要举措。我国目前尚未形成市场主体诚实守信的大环境，还没有真正建立市场主体诚信管理的相关制度，对一些失信行为缺乏监督，缺少相应的惩处手段，致使市场主体缺乏恪守诚信的道德自觉性。因此，必须探索建立市场主体诚信机制，通过建设市场主体信用制度，促进落实市场主体责任，促使被规制主体严格遵守法律法规，自觉恪守职业道德。

（四）鼓励市场主体建立自己的诚信体系

所谓"企业自己的诚信体系"，就是要求企业在市场经济的竞争中，必须建立自己的诚信体系，必须始终坚持诚实守信的经营原则，这样企业和个人才能获得相应的社会效益和经济利益。现代市场经济活动中，诚信是经济主体生存和发展的重要基础，是最好的竞争手段，是一种无形资产，是一笔巨大的宝贵财富。微观经济主体在市场竞争中始终把诚信作为力量之源、生命之基、立业之本。"以诚实守信为荣，以见利忘义为耻"是市场经济条件下所有经济组织与经营活动参与者的立身之本。任何企业在追求自身利益的同时都不能损害他人的利益，在经济活动中必须信守承诺，在市场交易中必须守法经营，只有如此才能在激烈竞争中立足和发展。一个企业的战略决策和日常业务必须时刻遵守高度的道德和法律准则，因为一个企业无论其产品的科技含量多么的领先，最终都要面临更新更好产品的竞争和挑战。

（五）引导被规制主体自觉遵循维护国家公共诚信体系

每个微观经济主体都处在一定的社会关系之中，个体的生存发展和获得一定的利益都存在于社会总体需要当中。每个微观经济主体都具有满足个体需要而追求正当利益的权利，也有自觉遵循维护国家公共诚信体系的责任。在市场经济活动中，诚信是市场主体生存和发展的重要基础。市场主体只有诚实守信，才能形成良好的信誉；只有拥有良好的信誉，才能在市场经济中立于不败之地。信誉不仅是一个人、一个企业的无形财富，也是一个地区乃至整个国家的无形财富，这种无形财富作为一种特殊的资源，甚至比有形资产更为珍贵。政府要引导被规制主体从诚信是无形资产和道德资源的本来面貌认识诚信。从经济学角度认识，诚信是无形资产；从伦理学角度认识，诚信是道德资源。促使被规制主体在市场经济的竞争中始终坚持诚实守信的经营原则，从而获取相应的社会效益和经济利益。反观那些不顾诚信、不负责任的企业，虽然能获取暂时的利益，但却给消费者、给社会造成了严重危害，最终害人害己，损人损己。当然，维护现有诚信体系，仅仅依靠行政力量和消费者的觉醒是远远不够的，被规制主体自身的诚信自律才是标本兼治之道。

二、督促被规制主体履行社会责任

企业社会责任的概念最早由英国提出，美国人霍华德·鲍温于 20 世纪 50 年代正式提出企业社会责任概念，认为企业社会责任是商人们在追求利润、制订决策或遵循法律条文时以我们所处的社会目标与价值为前提的义务。国内对政府规制对企业社会责任影响的理论研究是从 20 世纪 90 年代开始的，主要从道义上或者法律方面去研究企业为什么应该承担社会责任以及应该怎样承担社会责任。世界银行将之定义为：企业与关键利益相关者的关系、价值观、遵纪守法以及尊重人、社区和环境有关的政策和实践的集合。它是企业为改善利益相关者的生活质量而贡献于可持续发展的一种承诺。随着全球化进程的加快，政府与企业、社会与企业、企业与企业之间的关系越来越密切，各种社会问题、社会矛盾也相应愈发突出，特别是企业社会责任问题由于与人们的生活有着广泛的联系，其影响力和渗透力日益增强，已经引起社会各界的广泛关注。政府通过规制督促市场主体主动履行社会责任、从制度上保证它们积极履行社会责任，不仅关系着市场主体自身的可持续发展，更关系着整个社会的和谐发展。

（一）明确社会责任的基本要求

伴随经济全球化的发展，生态环境恶化、贫富差距加大、失业和社会保障不完善等问题已引起世界各国的关注和担忧。全球契约所倡导的企业在人权、劳工、环境和反腐败领域履行社会责任、促进可持续发展的意义也就更加重大，逐渐成为企业竞争力的新内容。企业社会责任逐渐成为会计审计的内容，成为一种行业标准。欧美所制定的 SA8000 社会责任标准更是成为全球通用的国际标准。西方对企业社会责任的研究，不是单纯停留在理论的层面，而是积极将其理论研究成果运用到实践中去，如在企业中设立伦理委员会、伦理官员、伦理热线，专门负责公司的伦理事务，并促进企业伦理状况的改善。美国经济优先发展委员会发表了一篇《商事公司的社会责任》的报告，其中列举多种旨在促进社会进步的行为，并要求公司付诸实施。欧盟委员会在 2002 年通过了一项旨在促进企业为可持续发展而努力的有关公司社会责任的新战略。前联合国秘书长安南于 1999 年 1 月提出"全球协议"，并于 2000年 7 月在联合国总部正式启动，此协议号召企业遵守在人权、劳工标准和环境等方面的九项基本原则。中国企业联合会、中国企业家协会会长陈锦华曾认为，商业道德、社会责任已经成为提高企业竞争力的重要因素，企业的发展不仅要关注经济指标，而且要关注人文指标、资源指标和环境指标。目前我国企业的社会责任标准主要包括八个方面，即承担明礼诚信确保产品货真价实的责任、科学发展与交纳税款的责任、可持续发展与节约资源的责任、保护环境和维护自然和谐的责任、公共产品与文化建设的责任、扶贫济困和发展慈善事业的责任、保护职工健康和确保职工待遇的责任、发展科技和创新自主知识产权的责任。具体地说，一要承担并履行好经济责任，为极大丰富人民的物质生活，为国民经济的快速稳定发展发挥自己应有的作用。二要在遵纪守法方面做出表率，遵守所有的法律、法规，包括环境保护法、消费者权益法和劳动保护法等，合法经营，承兑保修允诺，共建法治社会。三要承担伦理责任，努力使社会不遭受自己的运营活动、产品及服务的消极影响，加速产业技术升级和产业结构的优化，为环境保护和社会安定尽职尽责。四是企业的慈善责任，充分发挥资本优势，为发展社会事业而对外捐助，支援教育、文化、艺术、城市建设、公共环境等项目的发展。

（二）建立社会责任的管理体制

从西方发达国家实践来看，企业社会责任并不是完全靠企业家自身的觉醒形成，而是靠市民社会的基础和各种社会运动的推动发展起来的。但是，目前我国既缺少市民社会的基础，又缺乏社会运动的推动。在这样的条件下，通过企业自律机制来强化相关社会责任，对于绝大多数企业来说几乎是没有可能的。因此，我国企业社会责任的设计、建构、规范与落实必须借助政府的强大力量，进行制度与机制的创新，逐步实现企业社会责任的制度化、法制化。在推行企业社会责任机制上通常需要通过以下三个步骤：一是建立并完善管理体制，制定明晰的奖励与处罚制度。如欧盟一些国家设有企业社会责任大臣，企业设有企业社会责任总监，并成立相应的办公室宣传、执行、监督。二是签订企业社会责任协议，明确具体的社会责任。如法国电力提出了22项服务承诺，包括尊重环境、信息透明、服务质量、节约能源、预防事故等。三是创建科学的评价机制，监督检查企业社会责任的落实。

（三）坚持社会责任的伦理准则

在经济全球化的趋势下，世界市场日益形成相互依存、彼此互补的完整的产业链、供应链、价值链和市场需求链。市场主体社会责任不再是一个企业的单独行为，而是全球制造商、供应商、采购商和品牌商等共同的责任；市场主体社会责任也不再是一个国家的单独行为，而是一种世界潮流和趋势。尽管不同的国家有着不同的文化背景和道德规范，但在推行企业社会责任方面却有着共同的理念和价值观。联合国《世界人权宣言》《国际劳工组织关于工作的基本原则和权力宣言》《关于环境与发展的里约宣言》以及《联合国反腐败公约》等宣言和原则，突出表现在尊重人权和保护环境方面的一致性。在实践中，跨国公司从追求利益的本质出发，已经充分认识到了公司利益与公司环境，特别是公司的可持续发展能力与环境、社会的关系不再是分离而是相互协调的关系。比如法国电力公司把尊重他人、保护环境、优良效率、团结互助、清正廉洁作为推行企业社会责任的伦理准则；瑞典爱立信、沃尔沃等企业把善待员工、资源有效利用、生产者责任延伸（生产者必须负责产品使用完毕后的回收、再生或弃置的责任，将生产者责任向下游延伸）、与供应链体系的上下游企业特别是供应商共同承担责任，作为企业推行社会责任的一致行动。我国目前依然存在有些地方政府为了追求经济指标，忽略了对工人权益的维护，对企业职工的权益缺乏有效的监督和管理，有法不依、执法不严、违法不究；有些企业有时主动履行社会责任以提高企业形象，有时却推卸或逃避社会责任。这就需要通过政府规制坚持社会责任的伦理准则，促使企业更好地履行社会责任。

（四）引导被规制主体自觉履行社会责任

市场经济下的企业与社会有着密切的联系，社会制约着企业，企业影响着社会。一方面，企业的存在与发展对社会具有积极和消极的影响；另一方面，社会环境的好坏也直接影响企业的生存与发展。根据道琼斯可持续性指数原则，企业的健康发展，需要自觉履行相应的社会责任，承担相应的社会责任；需要兼顾经济、环境、发展三者的关系，实现三者的统一。否则，企业的发展是不健全的，企业的成功是不能持久的。我们现实中存在着一些市场主体，在寻找各种理由逃避社会责任、越轨运作、违规违法、拖欠工资、偷工减料、欺骗顾客、污染环境等，既违背了诚信经营的准则，也违背了企业的社会责任。所以，政府必须引导企业认识到履行社会责任不仅是一个富有文化理念的市场主体的道德理想和自觉行动，也是市场主体获得社会承认的必要途径。任何市场主体的存在和发展，都只有通过自觉履行社会责任，为社会道德所接受，被社会大众认可，才能成长壮大。从宏观方面看，市场主体的社会责任是推动经济发展、创造就业机会、活跃市场经济、增加财政收入等；从中观方面来看，市场主体的社会责任是为追求利润，调整优化产业结构，转变增长方式，加大科技创新力度，提供优质产品和优质服务；从微观方面来看，市场主体的社会责任是规范经营管理行为，诚实守信，依法经营，尊重和保障职工各项合法权益，让全体社会成员共享发展成果。许多有远见的企业家已经开始转变原来的价值观，逐渐从片面追求经济效益最大化转移到开始重视社会效益上来。许多知名的跨国公司最近 10 多年持续不断地进行"道德革命"，比如索尼爱立信推出的"绿色伙伴计划"，福特公司推出的"亨利·福特环保奖"，迪士尼做出的员工工时每周不能超过 40 小时的承诺等。

第五节　政府规制的道德约束：自律他律

道德作为调整人与人之间、人与社会、人与自然之间关系的行为原则和行为规范，主要通过内省式自我约束和外加式社会约束两种方式来实现。在道德实践中，自律与他律作为一对矛盾的两个方面，互为条件、相辅相成，共同构成道德价值实现的两种基本形式。政府道德性规制的过程就是要使被规制主体形成自律与他律的统一。

一、自我内在约束

道德作为社会的一种规范约束力量，主要通过多种形式教育引导将社会所倡导的道德观念和规范内化为人的思想，形成道德意识，培养人的自我控制能力，使人自觉遵守道德规范，努力践行道德行为。

（一）培养道德意识

通过政府规制的道德性力量，以潜移默化的方式，强化被规制主体的道德意识，提高被规制主体的道德能力，培养被规制主体知耻而无奸邪之心、正确的荣辱感和善恶感，从而保证被规制主体在追求利益的过程中遵守社会公共道德规范和遵循公共道德秩序。通过政府规制，促使被规制主体内在的道德精神与心性修养成为最高的价值追求，让主流道德规范深入到被规制主体内在的价值世界，成为被规制主体自觉的道德意识，为客观约束性与主体能动性的确立提供制度性保障，从而使被规制主体的道德价值真正确立起来。具体而言，一是要营造良好的社会文化氛围以提高被规制主体对制度规范的接受、认同、内化水平和贯彻执行中的行为自律程度；二是要凸显社会公众的普遍期待以通过一般和持久的公众意愿来保证被规制主体权力的合理有效地运行。

（二）引导道德行动

每个被规制主体都具有自己的道德意识和判断能力，总是通过个体的判断而加以取舍、做出抉择，实现自己的价值需求。每个被规制主体在对自己的利益、价值进行判断时，都是以个体的自由意志为实现自身价值的基础，从而做出认为最符合自身需求的决定；并将其看作经过了理性思维和价值判断的理性结果。公共政策虽然是政府机关凭借公共权力，针对公共问题采取的作为或者不作为，具有明显的政治性和强制性。但是，公共政策最终都要转化为个体行动，使每一个公共政策的目标群体都能够按照公共政策制定者的意愿自愿采取行动。如果公共政策的执行都需要采取强制行为，那么公共政策要么因为执行成本高而放弃，要么因为目标群体反对而失败。要使目标群体改变行为方式，按照政策制定者的意愿行事，就需要政策制定者在制定政策时考虑个体利益。具体而言，目标群体在遵循公共政策时，其收益应该大于其成本。目标群体改变行为方式，遵循公共政策，所付出的代价，要小于所获得的收益。只有这样引导微观经济主体自觉按照公共政策行动，才能够诱使作为理性效用最大化的"经济人"，按照公共政策要求办事。

二、社会外在约束

道德的他律性主要是社会的外在约束，社会外在约束一般通过社会舆论、社会共识的形式进行监督与管理来实现。被规制主体在处理人与人、人与自然和人与社会的关系时，必须遵守社会道德所要求的基本准则，否则就会受到社会舆论的谴责和道德法庭的"审判"。亚当·斯密在 200 多年前就提出适当的制度安排有助于生成诚信的道德文化，因为失信行为不仅仅是品德的问题，更是制度的问题。道格拉斯·诺斯认为，与意识形态的心理构成和社会构成密切相关的"公正制度安排"，在很大程度上对道德社会的建立至关重要。可见，从制度上去把握道德问题乃是不可或缺的一环。然而，目前我们在思想上尚未把道德视为社会主义市场经济的基本理念；在法律、法规体系中还没有全面、系统地体现道德经济的要求；在国家的经济政策中，也没有把建立并维护道德经济放到体制改革的重要位置上来。因此，政府必须建立科学的制度机制体系，对被规制主体进行有效的外在约束，以便把各种与道德有关的社会力量有机地组合起来，共同促进道德经济的完善和发展。

（一）确立道德标准

政府道德性规制的前提是建立社会主义市场经济的道德标准。政府必须把道德作为社会主义市场经济的内生要素和力量，并运用它来规范市场经济的秩序。要突出诚信、责任等方面确立与经济发展相适应的道德规范，使被规制主体明确哪些行为是必须的，哪些行为是可以的，哪些行为是禁止的；明白道德经济是市场经济的本质要求之一；弄清道德伦理对完善市场经济的积极作用；懂得没有道德就没有秩序，没有道德就没有市场经济的健康发展。

（二）提高道德风险

道德风险是20世纪80年代西方经济学家提出的一个经济哲学范畴的概念，指当签约一方不完全承担风险后果时，所采取的自身效果最大化行为，或对安全防范不作为的行为。经济学的主要目的在于通过适当的制度变革和安排来抑制不道德的失信行为，政府要通过提高道德风险，增强外在社会约束。政府各种政策对于社会各类经济主体的行为通常具有非常强的引导作用，正确的经济政策在实现其正面政策目标的同时，也应该注意将其负面效应降至最小。政府规制既要体现有效的利益激励与回报机制，使遵守道德规范的被规制主体得到实惠，不遵守道德规范的被规制主体受到惩处；也要实行一系列特殊政策给予限制，以明确政策的适用度，避免助长对道德风险的规避。

三、内在外在统一

道德是自律与他律的统一，是主体性与规范性的统一。自律性是道德的基本特征，因为道德主体自律的准则是自然、社会的客观合理的要求。自律并非排斥他律，因为个体的道德自律不可能离开外部规律性的制约和客观要求，必须自觉地认识外部世界的规律性和必然性，把自己的行为限制在规律性、必然性所允许的范围之内。所以，作为道德约束，只能是自律和他律的统一。被规制主体的自律是原发于被规制主体内在情感世界对道德价值与高尚人格的信仰与追求，被规制主体的他律是外在于被规制主体的制度安排和规范设计所体现的客观性和他律性，政府规制的目的之一就是要使被规制主体达到外在规范性与内在主体性的统一。

（一）道德意识是社会关系的反映

马克思认为，道德在本质上是一种社会意识形态，道德意识是社会关系的反映，是由于人们社会交往的需要而产生的。道德价值既不是来自神的旨意，也不是来自社会权威或人的理性本身，而是根源于社会历史过程。离开了人类社会的历史，离开了人的社会关系，就无法解释善恶、荣辱等道德观念。在人的社会关系中，最基本的是经济关系，因此，道德观念是由一定的社会经济关系所决定的。个体自身的道德观念，指导行为的道德准则，归根到底都来自社会生活实践，是社会存在的反映，离开了社会，无法解释道德。所以说，道德的根据不是在人们的头脑里，而是在人们的社会存在和社会实践中。

（二）道德是自律与他律的统一

马克思曾经提出"道德的基础是人类精神的自律"的命题。但是，马克思在这里主要是从人类精神而不是从个别精神的角度来谈道德的自律性，即把自律当作人类社会整体的内在制约，而不是仅仅作为孤立的个体意志的表象。同时，这种人类精神自律也不是没有物质基础的，这种人类精神的基础和内容就是他常常强调的"全人类的利益"。马克思说："既然正确理解的利益是整个道德基础，那就必须使个别人的私人利益符合全人类的利益。"① 正是在这种意义上，马克思肯定道德的本质是他律的，并且肯定了黑格尔对康德哲学的批判。当然，马克思肯定道德的本质是他律的，但并不否认道德的自律性。马克思主义的自律观是把个体的意志自由放在特定的历史条件下来考察，强调这种自由总是要依赖于人的外部世界的规律性、必然性的认识，总是要依赖于产生和深化这种认识的实践活动。个体的道德自律不可能离开外部规律性的制约和客观要求，只能自觉地去认识外部世界的规律性和必然性，把自己的行为限制在规律性、必然性所允许的范围之内。所以，作为道德约束，只能是自律和他律的统一。政府规制的目的之一就是使外在于被规

---

① 马克思，恩格斯．马克思恩格斯全集：第 2 卷［M］．北京：人民出版社，1972：167.

制主体的制度安排和规范设计所体现的客观性和他律性不同，被规制主体内在向度的德性精神是一种道德价值信仰，是原发于被规制主体内在情感世界的对道德价值与高尚人格的笃志与追求，是被规制主体外在规范性与内在主体性的统一。

第六节　政府规制的道德底线：维护公益

政府规制是一种制度安排，是一种利益分配和调整，是一种系统内各主体间利益和力量的均衡，也是与市场结构相适应的一种均衡。政府规制的总体目标，是在多重价值趋向的情况下，在进行成本——收益分析的基础上，努力寻求供求的均衡，最终实现资源最优配置和社会福利最大化。政府规制作为市场经济中政府管理的一种重要方式，主要目的是保护消费者的合法权益、维护社会公共利益和保证社会福利的最大化。所以，政府规制的道德底线应该是维护公共利益。

一、个人利益与公共利益的矛盾存在

个人权利的实现与公共权力的行使和个人利益的获取与公共利益的追求，必然导致个人利益与公共利益产生一定的冲突与矛盾。公共利益原则上要求被规制主体及其行为的价值追求不能仅仅体现为个体利益的最大化，还要必须符合社会整体利益的需求，只有在这样的前提下个体的价值才能得到社会的肯定。马克思说："既然正确理解的利益是整个

道德基础，那就必须使个别人的私人利益符合全人类的利益。"① 从目前社会的常态来看，被规制主体为了达到追求最高效率和最大利益的目的，不可避免地忽视社会公共利益，不顾社会的责任要求，违背社会的道德准则。在这种情况下，政府如果不进行科学的规制，就无法维护公共利益、政治安全和社会稳定，就无法保护消费者的合法权益，就无法合理配置社会资源，最终必然引发激烈的利益冲突，扰乱公平竞争和社会秩序。因此，需要政府通过规制，防止公共利益和个体的合法利益被损害，维护社会的整体公平，保证自由竞争和公共利益的增加。

二、公共权力本质是一种凝聚和体现公共意志的力量

权力是人类社会所特有的现象，是指"迫使他人按照自己的目的去行动的能力，以使他们做他们可能还没有做的事"②。公共权力的特征主要体现在公共权力产生的公共性，具体主要表现为两个方面。一方面，公共权力起源于维护社会公共利益和社会公共生活秩序的需要，因而权力"在本质上是一种凝聚和体现公共意志的力量，是人类社会和群体组织有序运转的指挥、决策和管理能力"③。在这层意义上，一切权力都是公共权力。另一方面，公共权力来源于人们最初的一种权利委托，也就是社会公众因信任而产生赋予，本质上凝聚着公共意志。公共

---

① 马克思，恩格斯．马克思恩格斯全集：第2卷［M］．北京：人民出版社，1972：167.

② 尼古拉斯·布宁，余纪元．西方哲学英汉对照辞典［M］．北京：人民出版社，2001：784.

③ 江涛．公共哲学［M］．北京：中共中央党校出版社，2003：73.

权力产生的前提是个体独立认同的形成，这在西方社会体现为不平等的"荣誉伦理"向平等的"尊严伦理"转化的过程（查尔斯·泰勒），这是近代欧洲启蒙的结果。"国家的本质就存在于它身上。用一个定义来说，就是一群人相互订立信约，每个人都对他的行为授权，以便使他能按其认为有利于大家的和平和共同防卫的方式运用全体的力量和手段的一个人格。"① 卢梭认为"社会公约赋予政治体以支配它的各个成员的绝对权力，当这个权力受公意所指导时，它就获得了主权这个名称"②。公共权力来源于公共需要和公共群体，实质上是一种公共意志的集中体现。公共权力不管交给哪个机构，交由谁来执行，其最终所有者是社会公众，而不是受委托的机构，更不是行为者个体。因此，公共权力实质是一种维持、调整和发展整个社会生活基本秩序以追求社会公共利益的强制性力量。

三、政府规制的基本道德价值是维护社会公共利益

政府公共权力从发生学的角度看是公民权利的部分让渡，其职责是"为所有公民提供生存、稳定以及经济的和社会的福利"③。虽然政府权力以公共利益为目标，是实现公共利益的工具，即具有公益性。然而，政府权力又总是以具体的个人为权力主体。卢梭在《社会契约论》中指出，按自然次序，"政府之中，每个成员首先是这位官员本人，然后才是一个行政官，再后，才轮到自己作为公民。这种顺序与社会所要求的

---

① 俞可平. 西方政治学名著提要 [M]. 南昌：江西人民出版社，2000：82.
② 俞可平. 西方政治学名著提要 [M]. 南昌：江西人民出版社，2000：153.
③ 迈克尔·罗斯金. 政治科学 [M]. 林震，译. 北京：华夏出版社，2001.

顺序是完全相反的"①。公共权力是社会公众赋予并为社会公众服务的，因而公共权力主体必须在授权的范围内理性地行使权力以实现追求社会公正、维护社会公共利益的价值目标；而不能主观随意地滥用权力，使其错位，造成公共权力的异化。"权力行使的道德应有价值，应是一种理性。"② 也就是说，政府公共权力是社会公众赋予并为社会公众服务的，公共权力行使应该是一个理性选择的过程，应该通过公共权力的合理而有效地运行在社会公共领域的各个层面实现社会公平正义，以追求社会公众利益的最大化。公共权力的目标追求体现了作为人类行为活动的核心标准的理性原则，这种理性原则构筑起了作为社会主体的人的内在的精神品格的主体框架，同时表征着人类行为的正义取向和利益追求。如果公共权力掌控者背离公共权力行使的理性原则，忽视公共权力的正义取向和利益追求，那么势必引起公共权力与其本然的价值归宿和目标指向脱离，并产生异化。因此，政府必须树立一种以公共利益为依归的社会公平正义原则，在授权的范围内理性地行使权力，维护社会公共利益的价值目标，通过制定公共政策、严格依法行政来实现社会的公平正义，在社会公共生活和经济活动中发挥必要的引导作用，为良好公共生活的建立和经济行为的规范提供必要的条件，从而推进被规制主体的德行和公共道德的完善。

①　州长治. 西方四大政治名著［M］. 天津：天津人民出版社，2002.
②　李建华. 法治社会中的伦理秩序［M］. 北京：中国社会科学出版社，2004：291.

主要参考文献

[1] 马克思, 恩格斯. 马克思恩格斯选集: 第 4 卷 [M]. 北京: 人民出版社, 1995.

[2] 马克思, 恩格斯. 马克思恩格斯全集: 第 2 卷 [M]. 北京: 人民出版社, 1972.

[3] 邓小平. 邓小平文选 [M]. 北京: 人民出版社, 1994.

[4] [美] 丹尼尔·史普博. 管制与市场 [M]. 余晖, 等译. 上海: 上海三联书店、上海人民出版社, 1999.

[5] [日] 植草益. 微观规制经济学 [M]. 朱绍文, 译. 北京: 中国发展出版社, 1992.

[6] [英] 马歇尔. 经济学原理 (上) [M]. 北京: 商务印书馆, 1997.

[7] [英] 詹姆斯·米德. 混合经济 [M]. 上海: 上海三联书店, 1989.

[8] [美] 阿瑟·刘易斯. 经济增长理论 [M]. 梁小民, 译. 上海: 上海三联书店, 1990.

[9] [美] 巴林顿·摩尔. 民主和专制的社会起源 [M]. 拓夫,

译.北京：华夏出版社，1987.

[10]［英］亚当·斯密.国民财富的性质和原因的研究（下卷）
［M］.郭大力，王亚南，译.北京：商务印书馆，1974.

[11]［英］哈耶克.自由社会的秩序原理［M］.冯克利，译.南京：江苏人民出版社，2000.

[12]［美］米尔顿·弗里德曼.弗里德曼文萃［M］.高榕，范恒山，译.北京：北京经济学院出版社，1991.

[13]［美］E.S.萨瓦斯.民营化与公私部门的伙伴关系［M］.周志忍，译.北京：中国人民大学出版社，2002.

[14]［英］卡罗尔·哈洛，理查德·罗林斯.法律与行政［M］.杨伟东，译.北京：商务印书馆，2005.

[15] 世界银行.1996年世界发展报告：从计划到市场［M］.北京：中国财政经济出版社，1996.

[16]［英］G.M.霍奇逊.现代制度主义经济学宣言［M］.向以斌，译.北京：北京大学出版社，1993.

[17]［英］阿克顿.自由与权力［M］.侯健，范亚峰，译.北京：商务印书馆，2001.

[18] 俞可平.西方政治学名著提要［M］.南昌：江西人民出版社，2000.

[19]［美］阿瑟·奥肯.平等与效率［M］.王奔洲，译.北京：华夏出版社，1987.

[20]［美］罗尔斯.正义论［M］.何怀宏，廖申白，译.北京：中国社会科学出版社，1988.

[21]［美］西摩·马丁·利普塞特.政治人：政治的社会基础

［M］．刘刚敏，聂蓉，译．北京：商务印书馆，1993．

　［22］［古希腊］亚里士多德．尼各马可伦理学［M］．廖申白，译．北京：商务印书馆，2003．

　［23］［英］尼古拉斯·布宁，余纪元．西方哲学英汉对照辞典［M］．北京：人民出版社，2001．

　［24］［美］迈克尔·罗斯金．政治科学［M］．林震，译．北京：华夏出版社，2001．

　［25］［德］尤尔根·哈伯马斯．合法性危机［M］．陈学明，译．台北：时报文化出版企业有限公司，1994．

　［26］［美］保罗·萨缪尔森，威廉·诺德豪斯．经济学［M］．萧琛，蒋景媛，译．北京：华夏出版社，1999．

　［27］［法］孟德斯鸠．论法的精神［M］．曾斌，译．北京：京华出版社，2000．

　［28］［美］曼瑟尔·奥尔森．集体行动的逻辑［M］．陈郁，译．上海：上海人民出版社，1995．

　［29］［澳］欧文·休斯．公共管理导论［M］．彭和平，译．北京：中国人民大学出版社，2001．

　［30］［美］C.H.麦基文．宪政古今［M］．翟小波，译．贵阳：贵州人民出版社，2004．

　［31］张宇燕．经济发展与制度选择——对制度的经济分析［M］．北京：中国人民大学出版社，1993．

　［32］袁持平．政府管制的经济分析［M］．北京：人民出版社，2005．

　［33］孙荣，许洁．政府经济学［M］．上海：复旦大学出版社，

2001.

[34] 王俊豪. 政府管制经济学导论 [M]. 北京：商务印书馆，2001.

[35] 王俊豪. 中国政府管制体制改革研究 [M]. 北京：经济科学出版社，1999.

[36] 王俊豪. 英国政府管制体制改革研究 [M]. 上海：上海三联书店，1998.

[37] 肖兴志. 自然垄断产业规制改革模式研究 [M]. 大连：东北财经大学出版社，2003.

[38] 谢立中. 二十世纪西方现代化理论文选 [M]. 上海：上海三联书店，2002.

[39] 江涛. 公共哲学 [M]. 北京：中共中央党校出版社，2003.

[40] 刘小兵. 政府管制的经济分析 [M]. 上海：上海财经大学出版社，2004.

[41] 周耀东. 中国公用事业管制改革研究 [M]. 上海：上海人民出版社，2005.

[42] 陈富良. 放松规制与强化规制——论转型经济中的政府规制改革 [M]. 上海：上海三联书店，2001.

[43] 谢地. 政府规制经济学 [M]. 北京：高等教育出版社，2003.

[44] 王林生，张汉林. 发达国家规制改革与绩效 [M]. 上海：上海财经大学出版社，2006.

[45] 郭志斌. 论政府激励性管制 [M]. 北京：北京大学出版社，2002.

[46] 夏大尉，史东辉. 政府规制：理论、经验与中国的改革 [M].

北京：经济科学出版社，2003.

[47] 韩震. 社会主义核心价值体系研究 [M]. 北京：人民出版社，2007.

[48] 李郁芳. 体制转轨时期政府微观规制行为 [M]. 北京：经济科学出版社，2003.

[49] 于雷. 市场规制法律的问题研究 [M]. 北京：北京大学出版社，2003.

[50] 胡鞍钢. 中国政府转型与公共财政 [M] //蔡昉. 中国经济转型30年. 北京：社会科学文献出版社，2009.

[51] 韩升. 伦理与道德之辨正 [J]. 伦理学研究，2006（01）：90－92.

[52] 王晋. 第三部门：市场与政府的非零和产物——兼论我国第三部门的现状及发展趋势 [J]. 政治学研究，2004（03）：107－116.

[53] 张康之. 公共行政的伦理把握及其取向 [J]. 中山大学学报（社会科学版），2006（05）：94－99，143.

[54] 张丽娜. 我国政府规制理论研究综述 [J]. 中国行政管理，2006（12）：87－90.

[55] 刘自新. 规制理论以及我国政府规制改革的探讨 [J]. 中共杭州市委党校学报，2008（06）：76－80.

[56] 段旭捷，许蕾. 简述西方政府规制改革对我国的启示 [J]. 时代经贸（下旬刊），2008（04）：32－33.

[57] 胡税根. 论新时期我国政府规制的改革 [J]. 政治学研究，2001（04）：70－78.

[58] 徐平，陈丽华. 论政府规制的适度性把握 [J]. 经济与管理

研究，2006（10）：31 - 34.

[59] 杜钢建. 中国政府规制改革的方式和途径 [J]. 江海学刊，2002（01）：76 - 78.

[60] 余晖. 政府管制改革的方向 [J]. 战略与管理，2002（05）：57 - 65.

[61] 吴向鹏. 规制重构：转型经济中政府规制改革的现实选择 [J]. 河北经贸大学学报，2002（05）：27 - 33.

[62] 王健，王红梅. 中国特色政府规制理论新探 [J]. 中国行政管理，2009（03）：36 - 40.

[63] 郭敏，谭芝灵. 政府规制国内研究综述 [J]. 改革与战略，2010，26（10）：194 - 198.

[64] 王广起. 政府规制均衡的动态调整及路径选择 [J]. 生产力研究，2006（09）：148 - 149.

[65] 章志远. 公用事业特许经营及其政府规制——兼论公私合作背景下行政法学研究之转变 [J]. 法商研究，2007（02）：3 - 10.

[66] 贺晓文. 关于加强我国政府规制市场能力的思考 [J]. 中国经贸导刊，2007（20）：10 - 11.

[67] 何立胜，杨志强. 内部性·外部性·政府规制 [J]. 经济评论，2006（01）：141 - 147.

[68] 何天立. 论自然垄断行业的政府规制 [J]. 山东社会科学，2004（04）：36 - 39.

[69] 贾利. 市场机制、政府规制与转型国家的经济发展 [J]. 国家行政学院学报，2004（05）：63 - 65.

[70] 王学杰. 论政府规制与市场机制相结合 [J]. 四川行政学院

学报，2005（01）：5－8.

[71] 陈仕江，蔡碧蓉.消费市场上的信息不对称与政府规制 [J].消费经济，2005（04）：55－58.

[72] 郭蕾.城市公用事业中的话语权垄断与政府规制 [J].城市问题，2007（12）：74－78.

[73] 李郁芳.公共决策听证与政府规制失灵的防治 [J].暨南学报（人文科学与社会科学版），2004（06）：32－36，135.

[74] 沈春光.和谐社会建设中的政府规制问题探讨 [J].中国特色社会主义研究，2007（03）：37－42.

[75] 罗辉，江红义.均衡话语权：公共政策合法性的保障——从"郎顾之争"看我国公共政策的价值取向 [J].理论探讨，2005（04）：96－99.

[76] 谢地，陈萍.构建和谐社会与政府的规制角色 [J].江汉论坛，2008（06）：13－16.

[77] 刘华涛.论公众知情权与政府规制 [J].理论与改革，2007（02）：33－35.

[78] 周艳玲，姜继为.构建和谐社会与政府规制能力 [J].江汉论坛，2007（08）：47－49.

[79] 李仕文.民生为本：中国共产党执政兴国价值理念之本——对党的十七大报告民生思想的价值观解读 [M] //王中保，程恩富，王荣丽.继承·创新·发展——西柏坡精神研究文集.北京：中央文献出版社，2008.

[80] 岳冰.公司自治与政府规制的博弈分析 [J].经济师，2008（10）：12－13.

［81］陈科频．当代行政效率的道德维度分析［J］．黑龙江教育学院学报，2008（02）：17-18．

［82］韩升．从道德规制到"善"的追求——探究公共权力的伦理维度［J］．西藏大学学报（汉文版），2007（02）：96-101，111．

［83］黄乐桢．企业应承担的八大社会责任——专访全国政协常委、国务院参事任玉岭［J］．中国经济周刊，2005（41）：19．

［84］张成福，毛飞．论政府管制以及良好政府管制的原则［J］．北京行政学院学报，2003（03）：1-7．

［85］张锐．社会责任：全球企业的市场"门票"［N］．中国经济时报，2005-12-05．

［86］能言．什么是企业社会责任［N］．经济日报，2006-02-25．

［87］赵建军．西方国家关注企业社会责任［N］．学习时报，2007-02-13．

［88］林毅夫．企业承担社会责任的经济学分析［N］．中华工商时报，2006-08-07．

［89］林尚立．社会建设必须激发社会组织的活力与能量［N］．文汇报，2009-09-22．

［90］肖来青．推进依法治理与维护法律权威［N］．法制日报，2003-12-25．

后 记

    《政府规制的维度》原初是本人的博士后出站报告，后来又在此基础上把它作为海南省哲学社会科学规划课题进一步开展研究。从课题的选题、撰写到答辩，得到我的导师南京大学童星教授的精心指导。后来又得到我的同学南京大学政府管理学院副院长林闽钢教授、我的同事朋友海南师范大学马克思主义学院王明初教授和王习明教授的宝贵意见，得到我的爱人詹云、我的宝贝女儿贝希的全力支持，还有诸多老师、同学和朋友的关心帮忙，使得我的研究工作得以顺利完成，借此一并表示诚挚的感谢！

    本题主要侧重于理论研究，更多地关注宏观领域的理论性研究，对微观领域、案例分析、量化评估等实践性研究有待今后进一步开展。当然，由于研究的广度和研究的深度有限，肯定还存在很多不足之处。所以，祈望能够得到专家、同人以及读者们多多的中肯的批评指正意见。

190